For my daughter Olivia with all my love xx

Susie was at the horse sales with her dad,
Admiring the horses and ponies they had,
When she spotted a beautiful horse trotting by,
He smiled sweetly at Susie and winked with one eye.

He danced and he pranced like the star of the show,
"I'm Cyril and I was a racehorse, you know."

But just as he leapt on his toes round the sale,
A very loud noise came from under his tail!

"I'm Cyril and I AM a racehorse, you know!"

Cyril kissed Susie, "We are the stars of the show,"

They clapped and they cheered for he'd won at the races.

The horses and jockeys looked on with surprise,
As Cyril flew past to claim the first prize.
The crowd celebrated, huge smiles on their faces.

But rather than hearing the crowd filled with laughter,
They shouted for more and it made him go faster!
Amazingly Cyril was no longer last,
That very loud noise had propelled him straight past.

Just then as they ran
at the back in their trail,
A very loud noise
came from under his tail!

Down to the start and 'they're off' round the track,
As usual poor Cyril was right at the back.
"I'm so sorry Susie but as hard as I try,
I'm just far too slow and I cannot get by."
"Don't worry Cyril, I love you just as you are.
You don't have to prove it, to me you're a star."

Excited to race, he could not wait to go,
"I'm Cyril and I was a racehorse, you know."

The day of the races soon came around,
Cyril pricked up his ears to familiar sounds.

The very next day, Susie saw advertised
A charity race, a years horse feed the prize.
"I always wanted to ride in a race,"
Susie hugged Cyril wildly and kissed his soft face.

Spectators and judges could not help but laugh
As Cyril stood red faced alone on the grass.

As Cyril shot sideways and
Susie set sail,
A very loud noise came from
under his tail!

Until strange thoughts once again filled his head,
He imagined not dragons but wild dogs instead.
Snapping and snarling they jumped at his feet,
And just like the dragon they liked horses to eat!

Then Cyril and Susie
trotted beautifully by.

He tucked his head under and pointed his toe,
"I'm Cyril and I was a racehorse, you know."
He smiled at the judges and winked with one eye,

So they both practiced hard for the next local show,
Excited and keen to give dressage a go.

People and ponies looked on in disgrace
As Cyril crept out with a very red face.
"Maybe next time we'll try dressage instead."
"You won't have to jump those big fences," she said.

He just couldn't risk it so dug in his feet.
As Cyril went crashing into the rails,
A very loud noise came from under his tail!

Approaching the fence
strange thoughts entered his head,
He imagined a big scary dragon instead!
A fire breathing dragon that liked horses to eat.

So off Cyril went to the next local show,
They had practiced for weeks and were raring to go.
In to the ring Cyril leapt on his toes,
"I'm Cyril and I was a racehorse, you know."

ROCKET
HORSE FEED
"the feed for speed"
TOILETS

"We'll try showjumping," Susie said with delight,
As she fed him his hay and kissed him goodnight.

Back at the yard Cyril said his hellos,
"I'm Cyril and I was a racehorse, you know."
He told them all tales
of his horse racing past,
Forgetting to mention he
always came last.

So they bought him and took him back home on the lorry.

Everyone laughed but Susie felt sorry,

The noise was so loud that some people took cover.
"Excuse me," said Cyril, but then did another!

Cyril the racehorse

ISBN 978-1-9168740-0-8

Printed by Orphans Press Ltd,
Enterprise Park,
Leominster,
Herefordshire

SOMMAIRE

VILLE CRÉATIVE 04

VILLE MONDE 52

VILLE EXPÉRIMENTALE 68

VILLE ENGAGÉE 86

Je suis Hérouville...

Ville nouvelle, je suis née le 20 novembre 1963 avec la pose de ma première pierre au quartier des Belles-Portes. Mes aînés me racontent souvent l'histoire de mes origines.

Les plus anciens se rappellent encore les champs à perte de vue, les chemins pour aller d'un hameau à un autre, aux quatre points cardinaux : Lébisey, Beauregard, Le Bourg et Montmorency. Ils se rappellent l'école communale au Bourg, près de la petite mairie, les baignades enchantées dans l'Orne, les hauts fourneaux qui crachaient rouge le soir. Ce n'était alors qu'un bourg rural, de 1 300 habitants, au nord de la grande ville de Caen, alors capitale régionale.

Avec l'industrialisation de l'agglomération caennaise dans les années 1950, de beaux fleurons industriels comme la Saviem (Renault), la Radiotechnique (Philips), Bosch, Valeo, Moulinex, Citroën, ont généré des milliers de nouveaux emplois et des milliers de nouvelles familles à loger. L'État me désigne pour être une des futures ZUP (zone à urbaniser en priorité) pour accueillir ces familles venues des campagnes environnantes ou de bien au-delà de nos frontières. Mais contrairement aux autres ZUP qui s'adossaient sur des villes avec des services publics conséquents, j'ai dû, dans mes premières années, me construire seule et faire preuve de créativité. Cela forge le caractère. Pas étonnant que je détonne parfois, que je sois un peu rebelle, mais je m'emploie le mieux possible à être accueillante et solidaire.

C'est en travaillant sans relâche que je me suis construite, pour devenir une ville à part entière en à peine soixante ans. J'ai toujours voulu innover, imaginer, accueillir les projets les plus audacieux et demeurer à l'écoute. C'est dans mon ADN.

J'ai donc innové dans le domaine éducatif, architectural, économique, sociétal, culturel, associatif, environnemental et je continue aujourd'hui. L'innovation, c'est le fil rouge de mon propos dans cet ouvrage anniversaire. J'affectionne particulièrement l'audace et fais confiance à celles et ceux qui ont des projets, mêmes un peu fous, mais qui se révèlent souvent de vraies success-stories. Je suis un peu, beaucoup à l'image des deux maires que j'ai élus depuis 1971, François Geindre, qui nous a quittés en janvier 2023, et Rodolphe Thomas, élu depuis 2001.

Grâce à eux et aux citoyens hérouvillais, j'ai relevé le défi d'être une vraie ville pour ses habitants mais aussi pour ceux des villes voisines qui ont plaisir à venir y travailler, faire du commerce, se cultiver ou se distraire. Le petit village d'hier est devenu la deuxième ville du Calvados.

Je suis fière de cette réussite comme les Hérouvillais sont fiers de leur ville. Je ne suis pas parfaite, mais une chose est certaine : je suis passionnée et passionnément innovante.

VILLE CRÉATIVE

URBANISME

En 1960, Hérouville Saint-Clair compte 1 300 habitants. Elle est alors choisie pour l'aménagement d'une ZUP. Cinq ans plus tard sortent de terre les premières maisons individuelles de la nouvelle Hérouville. Elles sont surnommées « les maisons SEROC » en référence au procédé rapide mais très bien pensé de ses architectes. Construites dans les quartiers Montmorency, Grand-Parc, Haute-Folie, ces maisons SEROC sont les premières maisons individuelles d'Hérouville Saint-Clair.

S'enchaînent plusieurs décennies de construction, de démolition, de reconstruction, avec son lot de réussites mais sans échapper à quelques erreurs. Dès 2027, c'est une nouvelle page hérouvillaise qui s'écrira avec la réalisation d'un écoquartier déjà en gestation, en 2023, au bord du canal de Caen à la mer.

Au fil de ces six décennies, une ville, riche d'une histoire architecturale extrêmement diversifiée, a émergé, bâtie sur une double constante : l'innovation et la concertation.

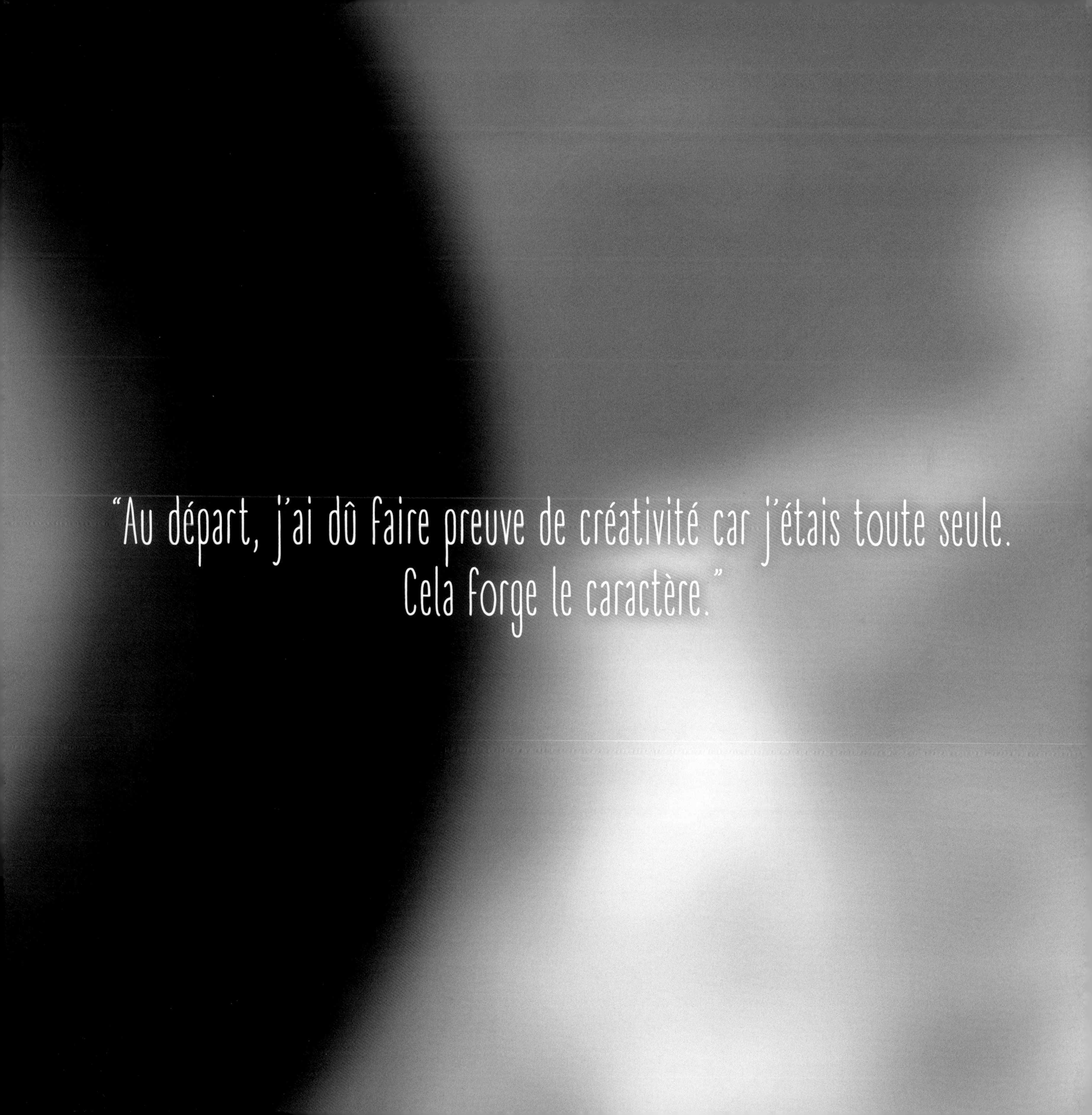

"Au départ, j'ai dû faire preuve de créativité car j'étais toute seule.
Cela forge le caractère."

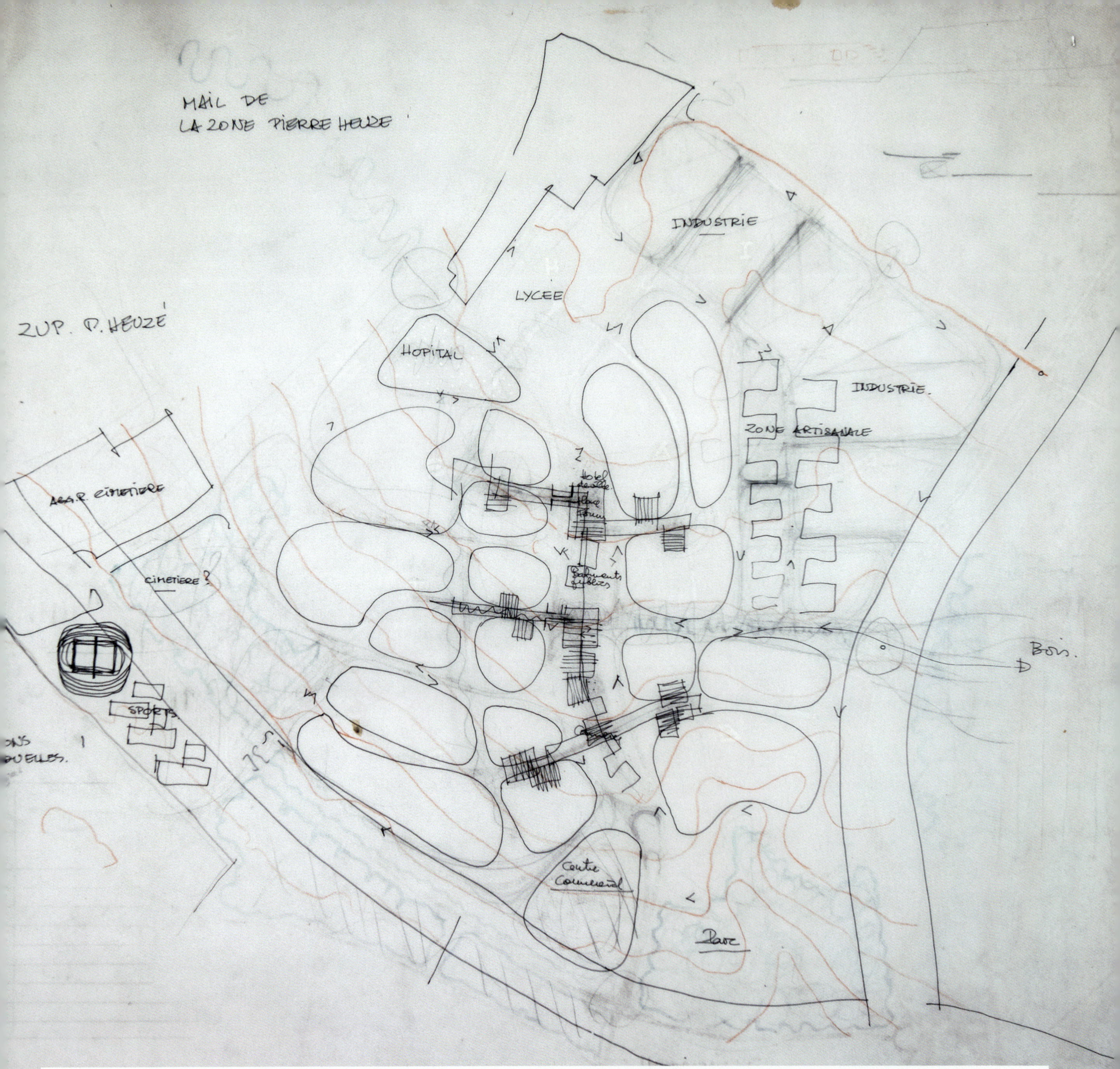

Premier croquis du plan directeur de la ville d'Hérouville Saint-Clair, réalisé par l'Union des architectes et urbanistes de Paris, 1961.

LE CONTRE-PIED DE L'URBANISME DES ANNÉES 1960

L'opération « Hérouville ville nouvelle » est fondée sur le projet de l'Union des architectes et urbanistes de Paris (UAU), choisie parmi 60 candidats au terme d'un concours à deux degrés, le premier en France. Dès le départ, il est décidé de mettre l'habitant au cœur du projet urbain et de miser sur une mixité de l'habitat. Cette conception avant-gardiste à l'époque, reprise plus tard par le mouvement des villes nouvelles, fait d'Hérouville une ville pionnière en ce domaine. C'est l'essence même d'Hérouville qui, au-delà des années et des équipes successives, se perpétue.

C'est ainsi que cinq quartiers autonomes, reliés entre eux par un réseau de cheminements doux, voient le jour avec chacun leurs propres équipements scolaires, commerciaux, leurs espaces verts.

Les immeubles plus imposants, dont des tours, sont implantés autour d'un îlot central destiné à accueillir les fonctions de centralité. Les constructions plus basses sont positionnées en bordure. La voiture est cantonnée en périphérie des quartiers et emprunte une circulation en sens unique rythmée par des « portes » qui donnent accès aux quartiers. Les voiries automobiles ont même été « creusées » pour que leur franchissement par des passerelles qui relient les quartiers se fasse sans effort et sans danger. C'est un fonctionnement qui permet au piéton d'avoir la priorité dans son quartier. Cette organisation prend le contre-pied de l'urbanisme des années 1960 où les immeubles sont construits sur dalle, le sol étant consacré aux voitures et parkings et les espaces verts plantés dans les espaces résiduels entre les immeubles.

À Hérouville, c'est tout l'inverse : l'espace est d'abord un jardin « occupé » progressivement par des constructions.

Ce principe de la ville-jardin est amplifié dans les années 1975 avec les quartiers du Val et du Bois et enfin par Citis, quartier mixte d'activités (industries, PME, artisanat) et d'habitat réalisé dans les années 1990.

Les architectes assurent l'après-vente

Partant du postulat qu'aucun règlement d'urbanisme ne peut garantir la qualité architecturale et paysagère des projets, Hérouville privilégie la créativité.

Ainsi, les concepteurs des projets d'urbanisme, les architectes, les paysagistes, les ingénieurs, en suivent la réalisation. Ils sont « conseils de la collectivité ». Les projets sont étudiés bien avant le dépôt du permis de construire, ce qui permet d'en assurer la qualité architecturale et paysagère, en relation avec les projets antérieurs et à venir. Il en est ainsi sur toute la durée de l'opération, au minimum une quinzaine d'années. C'est donc un véritable atelier d'architecture qui se met en place, en même temps qu'une formidable école de formation pour les élus et leurs aménageurs.

C'est ainsi que Mark Biass, l'un des lauréats du concours initial, a accompagné la réalisation de la ZUP pendant près de vingt-cinq ans. Michel Kalt et Allain Provost ont, eux, suivi la réalisation de Citis pendant vingt ans. Quant à Catherine Guillot, du cabinet d'architectes et urbanistes Reichen & Robert et associés, elle a travaillé à la réalisation du grand projet de ville pendant quinze ans.

"TOUS LES PROLONGEMENTS EXTÉRIEURS D'UN LOGEMENT FONT LE BONHEUR DES GENS"

MICHEL KALT
ARCHITECTE DE MAISONS-JARDINS
"LES HEXAGONES" DANS LE QUARTIER DU BOIS

ALLER PLUS LOIN
PODCAST MICHEL KALT

Entretien réalisé le 15 juin 2022

À 97 ans, l'architecte Michel Kalt est revenu en juin 2022 à Hérouville Saint-Clair, là où il y a quarante-trois ans il avait imaginé et réalisé un modèle de maisons-jardins baptisé « les Hexagones » dans le quartier du Bois. Mais Michel Kalt, architecte moderne avant l'heure, est aussi le concepteur de bien d'autres réalisations architecturales hérouvillaises parmi lesquelles le parc Citis.

Vingt ans après la Seconde Guerre mondiale et la reconstruction souvent synonyme d'alignement de barres d'immeubles, le logement social est progressivement devenu un terrain d'expérimentation pour les architectes, ou du moins pour une nouvelle génération d'architectes, en quête d'un habitat en rupture avec les modèles des années d'après-guerre.

« *Pour le meilleur ou pour le pire* », pointait *Le moniteur des travaux publics et du bâtiment* dans son 5 000e numéro (« 1950-1999, de nouvelles formes d'habitat »).

À Hérouville Saint-Clair, ce sera pour le meilleur à l'instar des « maisons-jardins », réalisées par l'architecte Michel Kalt, en 1979, dans le quartier du Bois. Quarante-trois ans après, il s'amuse presque de cette idée de génie que furent « ses » fameuses maisons hexagonales, initiées à Hérouville et qui firent école bien au-delà.

Une trame hexagonale

L'idée géniale de Michel Kalt est d'avoir abandonné la trame rectangulaire pour une trame hexagonale, composée d'un assemblage de modules hexagonaux de 3 mètres de côté offrant trois directions et une richesse fantastique de compositions. Ce principe, imaginé avec ses collègues Daniel Pouradier-Duteil et Pierre Vignal, permet d'offrir une terrasse et un garage-cellier, chacun d'une surface de 25 mètres carrés, en sus de la surface habitable.

« *Je ne sais pas ce qui nous a donné l'idée d'imaginer mais on a sauté dessus* », raconte Michel Kalt ému de revenir, en 2022, sur son « *terrain de jeu* » où, avec la petite équipe de son cabinet d'architecture, il donna vie à cette inspiration.

Les Hexagones, des maisons-jardins ?

Pas vraiment en fait, car il n'y avait pas à proprement parler de jardin. L'idée était d'offrir un espace vert à proximité du logement, et de le faire, compte tenu des contraintes du logement social, au travers d'une terrasse. Pour les habitants de ces maisons, la terrasse, c'est l'équivalent d'un jardin d'où le nom de maisons-jardins. « *Vingt-trois mètres carrés de terrasse, c'est royal* », s'exclame toujours aussi enthousiaste et imaginatif Michel Kalt lors de sa venue à Hérouville, car l'architecte en est convaincu, il faut laisser au logement la possibilité de s'étendre.

« *Tous les prolongements extérieurs d'un logement font le bonheur des gens* », assure l'architecte. Aujourd'hui, il est aisé de faire des jardins suspendus, des terrasses, etc. C'est passé dans l'ordinaire, mais ce n'était pas le cas il y a près d'un demi-siècle où la seule extension possible était un balcon. « *Une terrasse, c'est une ouverture vers la nouveauté. Cela autorise des constructions un peu excentriques du point de vue du style. Cela permet aussi de déborder. C'est un moyen de faire exploser le logement vers l'extérieur et les gens adorent cela. Ce dont ils sont malheureux, c'est d'être enfermés* », conclut Michel Kalt qui avoue ne jamais avoir rencontré d'habitants déçus.

Michel Kalt fut aussi, avec le paysagiste Allain Provost, à l'origine d'autres grandes innovations à Hérouville Saint-Clair, dont le parc Citis, une technopole innovante régulièrement citée en exemple, et l'école Freinet.

HÉROUVILLE SAINT-CLAIR, VILLE HYPERCONNECTÉE, L'HISTOIRE COMMENCE SOUS LES TROTTOIRS...

Dès les années 1980, bien avant que l'on parle de réseau de télédistribution ou d'Internet, la municipalité a pris conscience que les télécommunications du futur passeraient par des câbles et donc par des « fourreaux » enterrés. Si les collectivités sont propriétaires des réseaux enterrés, leur exploitation a très longtemps été un monopole de France Télécom, devenu Orange. Si Hérouville devait un jour déployer ses réseaux, il fallait sortir du monopole public. Depuis cette date, tous les travaux de voirie réalisés à Hérouville ont imposé le doublement des fourreaux.

L'aventure a commencé avec les réseaux urbains de télédistribution. Hérouville a souhaité déployer le sien sans en faire, comme dans la plupart des villes, une source de discrimination sociale, lorsque seuls les habitants les plus aisés peuvent accéder au service. Ce sera donc un réseau raccordant 100 % des logements. Ce défi a été possible car la ville apportait à l'opérateur choisi, Numéricable*, un réseau municipal. Quand il ne reste plus qu'à « tirer des câbles » et à installer des boîtiers dans les immeubles et les maisons, le coût du projet est considérablement réduit. En contrepartie, l'opérateur s'engageait à raccorder tous les logements, en obtenant des accords avec les copropriétés et les bailleurs sociaux pour les logements collectifs. Cela a également permis d'éviter le recours aux paraboles. Une fois câblés, les habitants ont eu accès à une multitude de programmes de télévision, y compris étrangers, et à une télévision locale, Cityzen TV, très innovante à l'époque.

Mais l'aventure ne s'arrête pas là : Internet arrive. L'innovation intéresse beaucoup la Ville. Quel meilleur moyen d'ouvrir au monde entier ceux qui n'ont pas les moyens de voyager ?

On comprend vite qu'il est facile de booster un réseau de télédistribution en réseau internet en basculant le squelette du réseau du coaxial à la fibre optique, tout cela en moins de six mois. La Ville a ainsi permis l'accès à Internet à tous les habitants dès 1989. Étant très en avance sur les opérateurs, elle a dû créer un portail d'accès au réseau mondial (herouville.net), se transformant en fournisseur d'accès pour tous les équipements publics, mairie et services municipaux, bibliothèque, théâtre, cinéma, lycée, collèges, écoles, associations. Les entreprises ont aussi bénéficié d'une boucle locale en fibre optique à très haut débit pour leurs interconnexions. Les laboratoires Gilbert ont ainsi créé un réseau d'entreprises privé sur le réseau municipal entre le siège, les services administratifs et leurs trois établissements industriels. Une bonne façon de les enraciner sur le territoire de la commune.

**Numéricable a fusionné avec Noos en 2007 puis avec SFR en 2014 devenant SFR Fibre SAS.*

CITYZEN TV,
PIONNIÈRE EN BASSE-NORMANDIE

En 1997, Hérouville Saint-Clair accueille la première chaîne régionale télévisée en Basse-Normandie dont l'ambition est d'être « la télévision des habitants » en favorisant l'expression libre. Lancée par Jean-Luc Nelle, Cityzen TV change de dimension en 2005 en devenant accessible gratuitement à tous les habitants de l'agglomération caennaise. D'autres actionnaires entrent à son capital tout en revendiquant son indépendance. L'année 2005 est aussi celle de la concrétisation d'un projet ambitieux : un café télé culturel avec l'inauguration du Cityzen Café.

Le concept : réunir dans un même lieu une brasserie et un plateau de télévision pour permettre aux habitants d'exprimer leurs points de vue, leurs souhaits au quotidien autour d'un verre ou d'un repas.

La chaîne diffusée à Hérouville est alors regardée par près de 80 % de ses habitants, une initiative avant-gardiste et soutenue par la Ville.

Devenue Normandie TV en 2009 à la suite d'un rachat, cette chaîne régionale n'a pu équilibrer ses finances quelques années plus tard et poursuivre son activité au-delà de 2015. Internet et les réseaux sociaux se sont depuis imposés.

Reste le souvenir d'une belle initiative qui montre qu'Hérouville n'est jamais en reste quand il s'agit d'expérimenter, même si tout ne réussit pas toujours dans le temps.

Émission de Cityzen TV, spéciale « Les Boréales » en direct du Cityzen Café le vendredi 30 septembre 2005.

LE RÉSEAU DE CHALEUR : UNE TRANSITION ÉCOLOGIQUE AVANT L'HEURE

Un grand projet d'économies de CO_2 pour la planète et de budget pour les Hérouvillais très en avance sur son temps.

Dès l'origine de l'opération d'urbanisme, une chaufferie centrale et un réseau de chaleur sont construits à Hérouville Saint-Clair. Un échangeur de calories prend la place d'une chaudière dans chacun des programmes immobiliers réalisés depuis les années 1960 jusqu'à nos jours. Ce système permet de distribuer une eau chaude à 60°C en permettant d'alimenter plus de 10 000 équivalents-logements (logements et équipements collectifs dont pour la première fois une piscine municipale) en chauffage et eau chaude. Disposer d'une source centralisée d'eau chaude pour une ville entière est un atout considérable pour investir dans la transition énergétique.

La création par l'Agglomération caennaise d'une usine d'incinération d'ordures ménagères dans la ville voisine de Colombelles est l'occasion rêvée d'opérer cette transition énergétique.

Le fioul lourd brûlé par la chaufferie centrale est remplacé par la chaleur produite par l'incinération annuelle de 90 000 tonnes d'ordures ménagères. L'économie de CO_2 est considérable. L'opération est lancée en 1986. L'investissement est important car il a fallu créer un réseau en circuit fermé de 8 000 mètres aller-retour passant sous l'Orne et le canal de Caen à la mer.

La chaleur perdue a été fournie gratuitement dans un premier temps par le Syndicat d'exploitation de l'usine d'incinération, en contrepartie de la réalisation du récupérateur de chaleur en sortie des fours d'incinération et de l'installation à la charge d'Hérouville de filtres à particules polluantes sur la cheminée d'évacuation. Les Hérouvillais ont payé la chaleur fournie à un prix permettant l'amortissement de l'investissement, ce qui en fait un des réseaux de chaleur les moins chers de France pour les habitants. La chaleur est aujourd'hui devenue une recette pour le Syndicat, qui a trouvé de nouveaux clients sur ce réseau, comme le CHU et les nouvelles serres géantes de Colombelles où sont produits des légumes bio. Ces serres sont alimentées en chaleur par ce même incinérateur des déchets de l'agglomération caennaise..

Pour l'anecdote, bien que le chauffage d'Hérouville ne produise plus de CO_2, la réglementation environnementale 2020 continue de s'imposer à Hérouville pour la construction de logements parce que la source de chaleur, l'usine d'incinération, reste elle-même productrice de CO_2. Les plus anciens penseront aux Shadoks.

ET APRÈS HÉROUVILLE, LE CHU...

ALLER PLUS LOIN
REPORTAGES VIDÉO
FILM ADEME : LE FONCTIONNEMENT D'UN RÉSEAU DE CHALEUR

Créés en même temps que la ville nouvelle et inaugurés en 1965, le réseau de chaleur et la chaufferie centrale sont raccordés en 1986 à l'usine d'incinération de déchets de Colombelles via *des tuyaux passant sous le canal et l'Orne.*

"ICI, NOUS SOMMES TOUS DES IMMIGRÉS"

FRANÇOIS GEINDRE
MAIRE D'HÉROUVILLE SAINT-CLAIR (1971-2001)
DÉCÉDÉ LE 2 JANVIER 2023

ALLER PLUS LOIN
PODCAST FRANÇOIS GEINDRE

Entretien réalisé le 20 octobre 2022

Parce que la ville ne comptait qu'un peu plus de 1 000 habitants en 1960 et qu'elle en a accueilli en une seule décennie environ 18 000, François Geindre qui, à 25 ans, a été élu maire de cette commune, en tire cette conclusion : *« Quelles que soient leur origine, leur couleur, tous les Hérouvillais sont des immigrés. »* **Une réflexion parmi beaucoup d'autres que nous a livrée celui qui a dirigé cette ville pendant trois décennies.**

« Dans les années 1960, Hérouville est un vieux village de 1 400 habitants qui dispose d'une vaste superficie de 1 500 hectares avec une zone à urbaniser en priorité (ZUP) de 500 hectares, laquelle fait l'objet d'un concours d'urbanisme. Les lauréats imaginent une ville où chaque quartier a son centre, son groupe scolaire, etc. En 1971, nous héritons de ce projet intelligent en terme humain et social mais où le projet de ville n'existe pas », se souvient François Geindre.

Une ville à part entière

Le projet d'origine s'est trouvé dévoyé au fil des années tandis que la SEBN (Société d'équipement de Basse-Normandie), créée spécifiquement pour cela, accumule les déficits et que l'État vise désormais à faire des lotissements pour utiliser les terrains dont il est encore propriétaire, résume le maire de l'époque.

La nouvelle municipalité décide alors de revenir à ce qui inspirait le projet urbain de 1962, celui d'une ville partagée en y ajoutant la volonté qu'Hérouville soit une ville à part entière aux portes de Caen.

« Cela impliquait quelques principes. Premier principe : apporter tous les services, de la naissance à la mort. Mais pas seulement : nous voulions que les habitants des communes voisines aient des raisons de venir à Hérouville de la même façon que les Hérouvillais sont amenés à fréquenter d'autres équipements de l'agglo. »

Les quartiers de la Grande-Delle, de la Haute-Folie et du Grand-Parc en construction à la fin des années 1960.

C'est ainsi qu'Hérouville ne ménagera pas ses efforts pour attirer sur son territoire un centre national d'art dramatique, un centre d'art contemporain, un cinéma Art et Essai, une salle de musiques actuelles, des administrations régionales, départementales dont l'inspection académique mais aussi un hypermarché !

« *Deuxième principe,* poursuit François Geindre, *Hérouville est un vieux village, mais son histoire n'est pas partagée car nous sommes tous des immigrés. On vient tous d'ailleurs, à part les 1 400 habitants du départ. Il faut qu'on se crée une culture urbaine commune. Il faut associer les habitants de façon permanente et trouver des moments où les habitants se rassemblent. Dès le départ, on se dit que la communauté ou les communautés, et pas seulement étrangères, peuvent "faire ville" si elle est ouverte et évitent le communautarisme. Le communautarisme consiste à se replier sur soi-même. La communauté vivante et ouverte consiste à partager avec les autres. Se greffent à cela une problématique d'environnement et une grosse réflexion sur l'éducation ouverte sur le monde.* »

Tout n'est pas aussi simple car Hérouville se retrouve « *dans un système en train de s'écrouler. Il faudra trouver des interlocuteurs, en particulier dans le logement, qui veulent jouer le jeu avec nous* ». Et quand la construction de logements sera relancée, la priorité sera donnée à la préservation de l'espace extérieur au travers d'une terrasse comme ce fut le cas avec l'architecte Michel Kalt.

Comment Carrefour s'est-il installé au cœur de la ville ?

À l'origine, les Nouvelles Galeries (NG) devaient s'installer à Hérouville Saint-Clair. Mais l'implantation était prévue au nord de la ville, déconnectée donc de son centre en devenir, ce qui ne convenait pas à la nouvelle équipe à la tête de la mairie.

« *Nous avons donc rompu avec les NG et nous avons choisi Carrefour parce qu'ils avaient une politique sociale avancée. Et on leur a proposé de s'installer non pas à l'extérieur du tissu urbain mais en ville, contrairement à ce qui existait partout en France en y ajoutant quelques exigences. Nous souhaitions que le bâtiment soit réalisé en béton et non en tôle avec un cheminement intérieur non rectiligne dans la galerie marchande et un éclairage zénithal. Autant d'impératifs qui ne plaisaient guère aux cadres dirigeants* », résume François Geindre qui eut l'aplomb de demander une entrevue au grand patron de Carrefour, Marcel Fournier.

« *J'ai été invité à dîner chez lui, dans son hôtel particulier à Neuilly, et je lui ai expliqué du haut de mes 27 ans et de mes deux ans de mandat comment il fallait faire un centre commercial.* »

Et contre toute attente, le PDG de Carrefour donna son aval. C'est ainsi que Carrefour s'est installé là et comme le souhaitait la municipalité, et qu'il fit office durant plusieurs années de centre-ville.

La Tour européenne, un projet fou ?

Autre idée un peu folle sur laquelle est revenu François Geindre dans son interview, c'est celle d'installer une tour de 100 mètres de haut à Hérouville. Il s'agissait d'une tour multifonctionnelle comprenant un hôtel, des logements, commerces, bureaux, conçue par des architectes de différentes nationalités qui, chacun apporterait sa « patte ». Ils se distribuèrent les niveaux, se donnèrent quelques repères et c'est ainsi que naquit cette esquisse de Tour européenne vite avortée car trop coûteuse à réaliser et encore plus difficile à faire fonctionner, comme tout immeuble de grande hauteur. C'était économiquement irréalisable dans une agglo du type d'Hérouville. « *Elle devint une curiosité nationale et internationale. Nous avons eu un prix au Salon de l'architecture. Une maquette fut réalisée. Elle se trouve aujourd'hui dans les réserves du centre Pompidou* », conclut François Geindre.

La maquette du projet de Tour européenne d'Hérouville Saint-Clair est conservée au centre Pompidou à Paris. © Jean Nouvel / Adagp 2023.

Comment Hérouville a-t-elle attiré des grands noms de l'architecture ?

« *Compte tenu de ma connaissance des problèmes urbains, le Président François Mitterrand m'a nommé inspecteur général de l'Équipement et à ce titre j'ai siégé à l'Institut français d'architecture où j'ai rencontré pas mal d'architectes. Pourquoi les faire venir à Hérouville ? Cela participait à nous créer une histoire commune et contribuait à être fier de notre ville…* »

« *Cela rejoint la réflexion que nous avons eue sur les équipements culturels* », poursuit François Geindre citant l'installation de la Comédie de Caen, centre dramatique national à Hérouville ou encore d'une salle de concert, d'un cinéma Arts et Essais. « *Hérouville n'a eu de cesse depuis le départ d'être une ville à part entière.* »

« Hérouville a beaucoup nourri ma vie… »

Plus de vingt ans après avoir quitté la ville d'Hérouville, l'ancien maire avouait : « *Ma passion pour Hérouville ne m'a jamais quitté et a beaucoup nourri ma vie. Hérouville est toujours présente quelque part en moi. Quand je me dis qu'on va fêter les 60 ans de la ville nouvelle et que j'ai été maire pendant près de la moitié, cela fait quelque chose.* »

S'il avait décidé à 56 ans, et après trente ans de mandature, de ne pas se représenter, c'est « *parce que je commençais à répondre aux questions avant qu'on ne me les pose* », confiait François Geindre qui rappelait aussi : « *Chacun sait que j'avais imaginé que je pouvais être un candidat qui puisse gagner la mairie de Caen* ».

Mais son propre camp lui barra la route des municipales caennaises et François Geindre quitta la région pour devenir directeur régional des affaires culturelles de Bourgogne avant d'être missionné pour réunir les quatre écoles d'architecture françaises.

En dépit des années, « *j'ai toujours eu un petit bout d'Hérouville en moi* », reconnaissait François Geindre pour qui « *avant d'être une ville physiquement, Hérouville est une communauté, celle de la citoyenneté hérouvillaise que l'on partage et que ses habitants ont su construire ensemble* ».

Construction du théâtre en août 1985.

MÊME SON CHÂTEAU D'EAU EST UNE ŒUVRE ARCHITECTURALE !

ARCHITECTE : GEORGES JOHANNET

Esquissé en 1963 par l'architecte Georges Johannet, il fera, en 1966, l'objet d'un concours remporté par la société Delattre-Levivier qui conservera le principe des passerelles imaginé par Georges Johannet. Celui-ci supervisera d'ailleurs cet équipement destiné à alimenter en eau la nouvelle ZUP. C'est lui qui en déterminera son camaïeu de bleu...

Myosotis, ciel, roi...

Telles seront les trois nuances de bleu retenues pour ses cuves de 500 mètres cubes, d'une hauteur de 21 mètres, qui se détachent dans le ciel hérouvillais et en ont fait son emblème. Comme la Citadelle douce, le château d'eau hérouvillais a été labellisé « Patrimoine XXe siècle » en 2007. Véritable sculpture métallique, mise en lumière en 2002, le château d'eau a été inscrit « Monument historique » en 2010. Un marqueur fort de la ville, visible de très loin.

ALLER PLUS LOIN

wikipédia *Château d'eau d'Hérouville-Saint-Clair*

ESPLANADES 1 ET 2 : DEUX BÂTIMENTS, L'UN ROUGE, L'AUTRE GRIS

ARCHITECTES : JEAN NOUVEL, DOMINIQUE ALBA ET PHILIPPE ROUX

Deux bâtiments administratifs ont été construits pour accompagner la courbe de l'avenue de la Grande-Cavée et donner le signal de l'entrée de ville. Rouge pour l'un, gris pour l'autre, et pour les deux un bardage métallique sur une structure en béton. C'est au rez-de-chaussée de cet ensemble que sera accueillie, lors des différentes concertations, la Maison des projets, lieu d'information et de ressources sur les projets architecturaux de la ville.

L'INSPECTION ACADÉMIQUE DU CALVADOS EN 1989 : BÉTON, VERRE ET MÉTAL

ARCHITECTES : JÉRÔME BRUNET, ÉRIC SAUNIER

À défaut de décrocher le rectorat, Hérouville, qui bataillait avec sa voisine caennaise pour l'implantation d'administrations, obtint l'inspection académique départementale. Les architectes ont opté pour un bâtiment géométrique avec une avancée entièrement vitrée dont les deux ailes sont reliées par une passerelle également en verre. Béton, verre et métal sont les principaux matériaux utilisés pour cet édifice qui se situe dans le prolongement de la Citadelle douce.

LE CAFÉ DES IMAGES : DEUX ÉTOILES ET TROIS SATELLITES

1977 - ARCHITECTE : MARK BIASS

Ouvert en 1977, le cinéma d'Art et Essai d'Hérouville Saint-Clair fut l'un des premiers équipements du centre-ville. Construit sur deux niveaux, le Café des images se distinguait par sa « pellicule de film » sur sa façade de béton barrée du mot « Ciné ».

1989 - ARCHITECTE : OLIVIER BAUDRY

Mais en 1989, la Ville décide de renforcer l'identité visuelle de cet équipement au moyen d'une immense étoile en métal et néon sur la façade donnant sur la rue, tandis que côté square du théâtre, en clin d'œil à sa voisine, c'est une étoile de pierre qui anime le mur.

L'opportunité de créer une troisième salle en 1995, au-dessus du cinéma existant, permet à l'architecte d'imaginer un dôme pour l'abriter telle une voûte céleste. C'est ainsi qu'il appuie cette salle surélevée sur six pilotis afin d'alléger la charge de l'ensemble.

Enfin, trois satellites « suspendus », jaune, rouge et noir, abritent la salle de projection, l'écran et les sanitaires. Le résultat est convaincant et confère à ce cinéma son originalité architecturale.

LE « NATURELLEMENT »
UNE TOITURE VÉGÉTALISÉE ET DES FAÇADES RECOUVERTES DE LIERRE

ARCHITECTES : JEAN NOUVEL, DOMINIQUE ALBA ET PHILIPPE ROUX

S'inspirant du terrain vague existant à l'époque, surnommé « plate-forme 41 » parce qu'à 41 mètres au-dessus de la mer, l'équipe d'architectes retenue a opté pour une architecture fondue dans la végétation utilisée comme matériau. Ainsi verra le jour ce bâtiment à la toiture végétalisée, aux façades couvertes de lierre, aux feuilles sérigraphiées sur les baies vitrées. Ce bâtiment aux formes arrondies accueille la direction régionale des entreprises, de la concurrence, de la consommation, du travail et de l'emploi (DIRECCTE).

LA CITADELLE DOUCE

Au début des années 1980, la ville d'Hérouville Saint-Clair parvient progressivement à s'extraire de la crise dans laquelle se trouvait l'opération d'urbanisme avec son déficit abyssal. La réalisation des quartiers s'achève avec le Val, puis le Bois, chacun d'eux doté de ses équipements publics et collectifs. La Ville reprend le contrôle de l'ensemble des terrains de la ZUP qui appartenait à la SEBN, l'aménageur défaillant. Pourtant, vingt ans après sa création, la ville n'a toujours pas de cœur, pas de centre. Les quelques équipements réalisés, l'église, le cinéma, la bibliothèque, un foyer de jeunes travailleurs, un bureau de poste, ont du mal à occuper les 10 hectares réservés à la création de ce centre-ville, perçu comme un terrain vague. Les habitants ont élu la galerie marchande de Carrefour comme leur centre-ville. Installer la mairie, qui était encore au bourg, au centre de la ville, compléter l'offre culturelle du cinéma et de la bibliothèque par un théâtre, créer une place centrale, épaissir ce programme par la réalisation d'une cinquantaine de logements, une brasserie, quelques commerces, une halle, constitueront le projet municipal. Le théâtre n'est pas la salle de spectacle polyvalente commune aux villes moyennes. Il s'agit là, avec l'aide de Michel Dubois, alors directeur de la Comédie de Caen, centre dramatique national, d'offrir un « vrai » théâtre conçu pour toute l'agglomération caennaise comme l'ont été le Café des images et la bibliothèque. L'équipement est ainsi doté d'un second fond de scène permettant d'ouvrir un plateau exceptionnel de 16 mètres de profondeur, surmonté d'une cage de scène de 23 mètres.

Le programme du centre-ville est très ambitieux. Réalisé aujourd'hui, il représenterait un budget de l'ordre de 45 millions d'euros. Mais les astres s'alignent pour Hérouville. Après le remboursement aux collectivités locales de la TVA, décidé par l'État à la fin des années 1970, le début des années 1980 est marqué par le formidable engouement pour la culture, y compris l'architecture, avec le ministère de Jack Lang. C'est ainsi que le programme d'Hérouville réussit à collecter un tiers de son coût en subventions de l'État. Le chantier d'ensemble est lancé en 1984 par la Ville pour la place et les équipements publics et la Plaine normande (groupe Caisse des dépôts) pour les logements. L'ensemble a été achevé en 1986 et inauguré par le président de la République, François Mitterrand, en 1987.

Le programme fera l'objet d'un concours international d'architecture lancé en 1982

Le lauréat en sera Eugène Leseney. L'architecte dénommera son projet la « Citadelle douce ». Eugène Leseney est un architecte normand. Il est imprégné de la puissance des architectures médiévales et passionné par la souplesse qu'offre le béton armé pour créer des formes et des volumes chaleureux. Il est aussi un architecte du temps des cathédrales. Certes, il produit des plans. Mais pour faire comprendre son projet à tous, il le dessine en trois dimensions. L'usage de l'informatique n'était pas aussi développé à cette époque, mais l'architecte apporte des aquarelles, tout à la fois œuvres d'art et représentations confondantes de précision.

Eugène se lie d'amitié avec le chef de chantier, maçon. Chaque semaine, il vient avec le dessin et le détail d'exécution d'un ouvrage : un mur de façade, avec ces pierres de granit incrustées en fond de moules du béton, une porte monumentale en acier, telle celle de l'entrée de l'hôtel de ville, un élément de l'espace public comme la « porte de la mariée », deux poteaux de béton plissés comme un voile. Il choisit in situ, dans les carrières de la Manche, les immenses monolithes qui formeront les soubassements de l'hôtel de ville. Les « gars » du bâtiment acceptent avec enthousiasme ses propositions qui sont autant de défis à relever. En effet, rien n'est droit dans cette architecture qui doit « envelopper » le passant sans l'enfermer, grâce aux perspectives qui lui sont offertes. Quant aux assemblées de citoyens, elles méritent des salles circulaires libérées de tous poteaux, celle du conseil municipal et celle des mariages, l'une s'ouvrant sur l'autre pour répondre à des assemblées importantes par une imposante cloison circulaire et coulissante. L'accès du public à la salle du théâtre est aussi une déambulation se déroulant en escargot, offrant des espaces propices aux expositions.

La sculpture-fontaine, conçue par Bernard Alleaume et Yvette Vincent-Alleaume, en clin d'œil à la traîne du voile de la mariée, est adossée au théâtre. Elle permet d'adoucir le rapport entre la cage de scène du théâtre et la place publique. Cette place publique enfin, Eugène Leseney la traite en forme de coquille Saint-Jacques inclinée, comme la place centrale de Sienne.

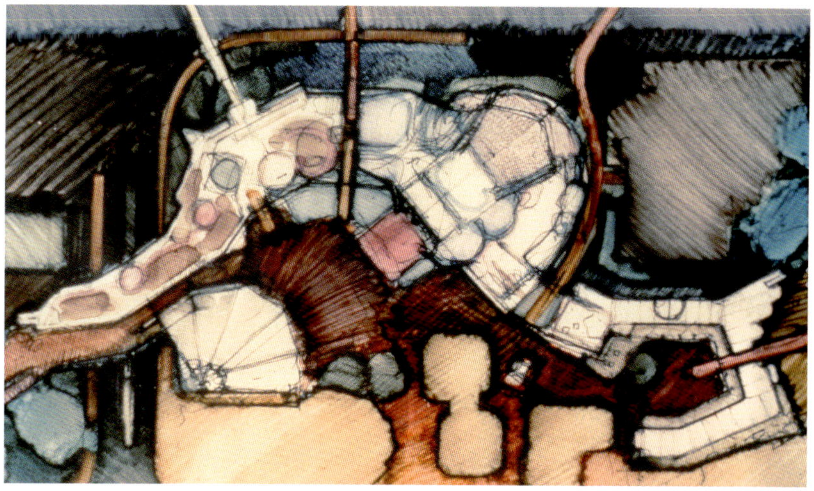

CITIS, LA PLUS BELLE ZONE D'ACTIVITÉ ÉCONOMIQUE

MICHEL KALT (ARCHITECTE) ET ALLAIN PROVOST (PAYSAGISTE)

C'est du moins l'une des plus belles et surtout la plus réussie. Citis vaut bien un peu de chauvinisme. Rares sont en effet les zones d'activité mixant des activités tertiaires, des habitations et des loisirs, tout en offrant une vision architecturale très qualitative, le tout dans un écrin de verdure et d'eau.

C'est le cas du complexe Citis qui s'organise autour de deux grands lacs, lesquels assurent la récupération des eaux pluviales et l'assainissement par le biais de pompes et cascades. C'est une autre de ses originalités. L'ensemble, traversé par un réseau routier et central, se compose d'îlots desservis par des allées et parkings.

Écologie, innovation, rigueur

Ce projet devait répondre à une volonté de diversifier le bassin d'emploi hérouvillais, essentiellement axé autour de la Saviem et de la SMN afin d'éviter d'en être trop dépendant. Bien lui en a pris.

Pour mener à bien cette zone d'activité « nouvelle », la Ville crée la SHEMA (Société hérouvillaise d'économie mixte pour l'aménagement) dirigée jusqu'en 2019 par Alain Kendirgi. Maître d'ouvrage par délégation, elle se charge alors de viabiliser les terrains et se porte garant du respect du cahier des charges. Avec la rigueur conceptuelle et l'innovation urbaine architecturale et technique, l'écologie est l'un des trois principes qui prévalent lors de la conception de cette zone.

C'est l'architecte Michel Kalt qui inspire ce projet urbanistique en collaboration avec le paysagiste Allain Provost. Chaque nouvelle construction doit s'inscrire dans l'environnement de ce projet et être validée par la SHEMA.

Seuls le blanc, le noir, le gris et le bleu rappelant des couleurs du GANIL (grand accélérateur national à ions lourds) implanté à proximité du site depuis 1976, sont autorisés.

Aucune parcelle ne doit être cloisonnée et aucune enseigne publicitaire ne doit polluer le paysage. Au total, Citis accueille 150 entreprises et administrations ainsi que 1000 logements.

Parmi les bâtiments emblématiques, l'Odyssée (1994) accueille un centre d'affaires, une pépinière d'entreprises et un centre de services partagés. Le Narval, le Nautile et l'Océane sont trois immeubles de logements construits (en 1993-1994) sur pilotis.

Quant au bâtiment Legallais, il abrite depuis 2002 le siège social et son centre de relations clientèle. À cet immeuble noir souligné de jaune, lui a répondu en 2007 un bâtiment similaire blanc celui-ci, animé de verticales orange pour accueillir EDF.

Ces deux bâtiments ont été conçus par Gérard Franc. La croissance du groupe a été telle qu'elle a nécessité le transfert du siège social dans un immeuble mitoyen.

"JE SUIS UN ENFANT D'HÉROUVILLE"

RODOLPHE THOMAS
MAIRE D'HÉROUVILLE SAINT-CLAIR DEPUIS 2001

Entretien réalisé le 22 décembre 2022

Arrivé à l'âge de 4 ans à Hérouville Saint-Clair, issu d'une fratrie de cinq enfants, Rodolphe Thomas, né à Falaise, a grandi dans la ville dont il est devenu maire à 39 ans.

« *Dans notre immeuble de la Grande-Delle, il y avait au moins 30 enfants. J'ai le souvenir d'une grande effervescence, un esprit de cohésion et une grande mixité sociale* », se souvient Rodolphe Thomas, élu maire en 2001, qui a en quelque sorte grandi en même temps qu'Hérouville puisqu'il y est arrivé en 1966, trois ans après la pose de la première pierre de la ZUP. Son père y avait installé son garage automobile, une des premières entreprises à avoir vu le jour dans la ville nouvelle. Pendant qu'Hérouville évolue au gré des constructions, Rodolphe Thomas, devenu adolescent, goûte à la musique. « *Il y avait un grand foisonnement musical. De nombreux groupes émergeaient... Punk, folk, rockabilly. On avait créé le nôtre avec des copains. Le premier s'appelait "Scrumbag" et le second "Johnny Hess". Nous répétions chez mes parents qui avaient emménagé dans une maison. C'était aussi l'époque des premières radios libres. Nous étions contents d'être interviewés. Moi, j'étais batteur. Je n'avais pas appris le solfège, ce que j'ai regretté. Je jouais plutôt à l'oreille.* »

Après cette adolescence bercée par la musique, les études et petits boulots comme brancardier au CHU de Caen ou bien encore en tant qu'intérimaire dans différentes entreprises, Rodolphe Thomas reprend le garage automobile de son père parti en retraite. Il met la musique en sourdine pour gérer l'entreprise familiale, prenant alors intérêt à défendre les commerçants-artisans auprès de la chambre des métiers du Calvados – si cela s'avérait nécessaire – face aux concessionnaires automobiles. Une première expérience de leadership qui se poursuivra ensuite par une participation à la liste d'opposition aux élections municipales de 1995 et une première élection.

Élu maire en 2001

Devenu conseiller municipal d'opposition, Rodolphe Thomas rentre en quelque sorte « *en politique* » puisque deux ans plus tard, il est sollicité pour être suppléant de la candidate aux législatives, Brigitte Le Brethon ; élection que le duo perdra face à l'ancien ministre, Louis Mexandeau. Mais l'envie de s'investir plus encore en politique a gagné le jeune élu hérouvillais, bien décidé à tenter de ravir la mairie d'Hérouville aux prochaines municipales de 2001.

Et contre toute attente, alors que la ville d'Hérouville était depuis trente ans à gauche, Rodolphe Thomas et sa liste « Changeons l'avenir de notre ville » la firent basculer à droite (ou plutôt au centre) à la faveur d'une triangulaire gagnée par 62 voix. « *Ce fut un électrochoc dans le Landernau local* », se souvient Rodolphe Thomas qui se retrouva du jour au lendemain plongé dans le grand bain de la vie politique avec peu d'expérience mais une intuition et du

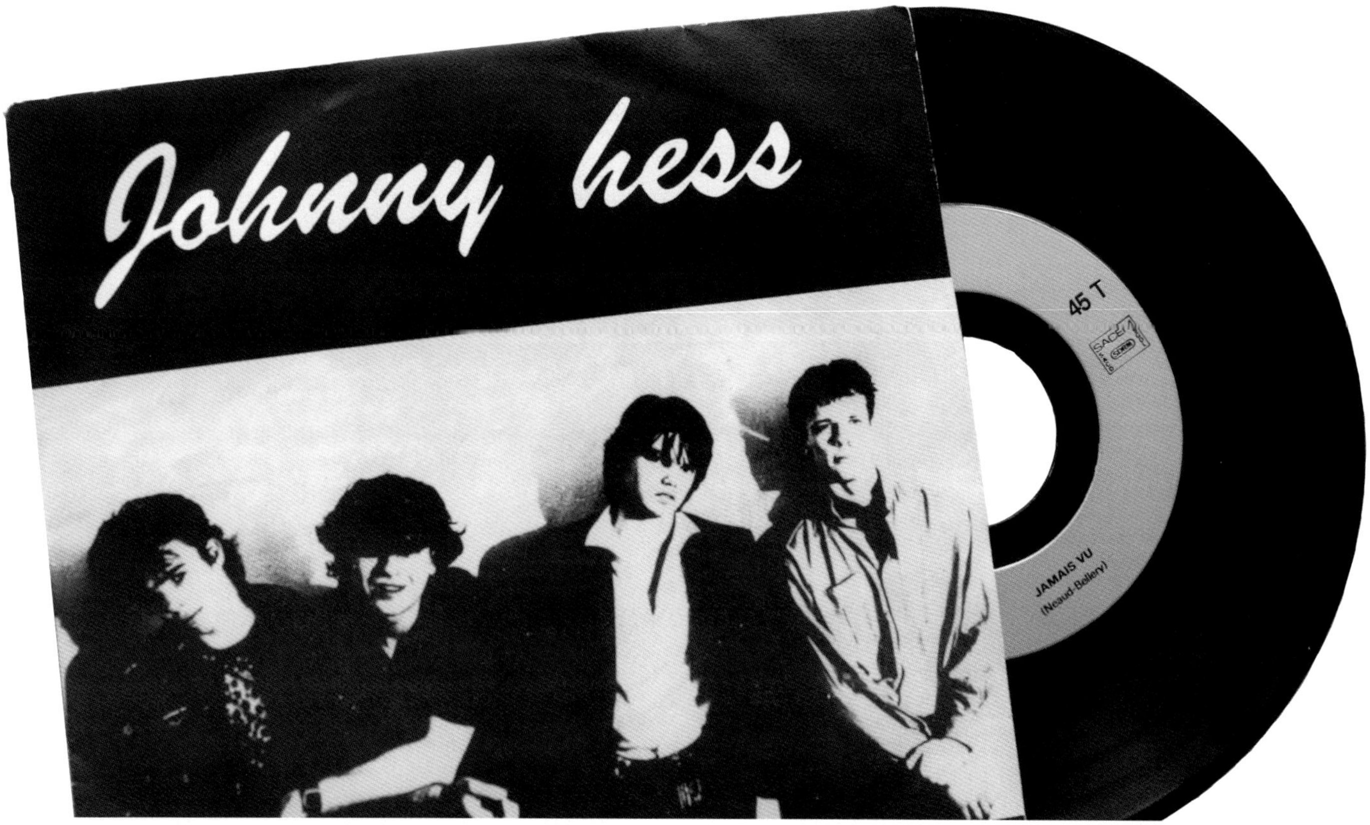

Premier 45 tours du groupe Johnny Hess en 1983.

bon sens. « *Bien s'entourer, ne pas tout chambouler comme d'aucuns le craignaient, être dans la proximité furent nos constantes* », résume Rodolphe Thomas qui eut à cœur d'écouter, d'apaiser puis d'agir car beaucoup d'inquiétudes et d'incompréhensions germaient parmi ses détracteurs de tous bords politiques ; « *il était impensable qu'un jeune venant de la société civile et qui plus est un artisan/commerçant prenne la gouvernance de la deuxième ville du Calvados* ».

Maire et député dans la foulée

En quelques mois, le nouvel élu se retrouve sous les feux de l'actualité car son élection à la tête de la deuxième ville du département du Calvados n'est pas passée inaperçue, y compris au niveau national. En 2002, Rodolphe Thomas est invité à se présenter à la députation. « *Après beaucoup d'hésitation, en me demandant comment concilier les deux mandats si d'aventure j'étais élu. À la faveur de pressions amicales, je me lance dans ma deuxième bataille électorale.* » Et c'est une deuxième victoire cette fois face à l'ancien ministre, « éléphant » du Parti socialiste, Louis Mexandeau. Rodolphe Thomas entre dans la cour des grands. « *Avec le recul, sincèrement je ne sais pas si Hérouville aurait changé et pu se transformer aussi rapidement si je n'avais pas été député. Aurais-je eu les réseaux ministériels et le soutien du ministre de l'époque ?* »

L'ANRU, un grand accélérateur

C'est à ce moment-là en effet que le maire d'Hérouville rencontre le ministre de la Ville, Jean-Louis Borloo. « *L'une de mes fiertés est d'avoir participé à la création de l'ANRU* [Agence nationale pour la rénovation urbaine] *et juste après au programme de cohésion sociale à l'Assemblée nationale. La rénovation urbaine avec ses déconstructions/reconstructions n'a de sens que si elle est accompagnée d'un plan ambitieux avec et pour les habitants, avec des engagements sur la mixité sociale de l'habitat public/privé, sur le plan économique, de l'insertion sociale et professionnelle, mais aussi éducatif, culturel et sportif... vingt ans après, c'est toujours et encore d'actualité et particulièrement à Hérouville.* »
Cette rencontre avec Jean-Louis Borloo sera déterminante et permettra au jeune élu hérouvillais « *de faire connaître sa ville* » et de l'intérêt que revêt la rénovation urbaine.
Le ministre se déplacera pour signer lui-même en 2005 la convention de renouvellement urbain à Hérouville et le félicitera pour sa ténacité de n'avoir rien lâché dans les débats à l'Assemblée nationale sur la clause d'insertion professionnelle dans tous les marchés publics de la rénovation urbaine.
Localement, Rodolphe Thomas recevra également pour la rénovation d'Hérouville le soutien des collectivités territoriales, du Département du Calvados présidé alors par Anne d'Ornano « *très facilitatrice* » (*sic*) puis Jean-Léonce Dupont, de la Région de Basse-Normandie mais aussi de l'Agglomération caennaise. Ainsi, souligne Rodolphe Thomas, se prolongeait le travail amorcé par l'ancien maire, François Geindre, dont le GPV (grand projet de ville) avait préfiguré la rénovation urbaine.
Mais l'ANRU sera « *un grand accélérateur* » puisque de 50 millions d'euros l'on passera à plus de 160 millions. Pas de rénovation sans concertation et sans communication. « *Nous étions la seule ville du Calvados à lancer un programme aussi ambitieux : détruire pour reconstruire, trouver de la mixité sociale, fonctionnelle et économique et faire adhérer la population, particulièrement dans les quartiers des Belles-Portes et Grand-Parc. La rénovation urbaine se fait avant tout avec l'adhésion des habitants.* »
Et ce fut le leitmotiv de Rodolphe Thomas. Toutes celles et ceux qui, de près ou de loin, ont suivi cette rénovation se souviennent des exigences du maire quant à la nécessité de concerter les personnes concernées. Lui-même n'a pas oublié : « *Je me souviens de la discussion sur la démolition de l'immeuble du 1202 de 15 étages au Grand-Parc, patrimoine du*

premier bailleur social de la ville, Calvados habitat devenu Inolya sans lequel rien n'aurait pu se faire sans leur investissement ; nous avons voulu qu'on propose trois solutions de relogement. Il fallait rassurer et expliquer qu'il y aurait bien un parcours résidentiel et c'est pour ça que cela a bien fonctionné. » La concertation, cela passe aussi par la communication. « *J'étais le ou du moins un des députés-maires à dire à Jean-Louis Borloo que pour réussir la rénovation urbaine, il fallait non seulement concerter, organiser réunion publique sur réunion publique mais aussi communiquer, et qu'il fallait qu'on nous en donne les moyens. Là encore, c'est une petite entreprise hérouvillaise, l'agence Kafé Crème, qui a construit un plan de communication. On a créé aussi la Maison des projets, la Maison de la rénovation urbaine, etc.* »

Être bien accompagné

Mais cela ne suffit pas, constate Rodolphe Thomas pour qui la rénovation urbaine nécessite aussi d'être bien accompagné. Et ce fut le cas à Hérouville. « *Nous avons été accompagnés par la Société d'économie mixte, la SHEMA, et son directeur, Alain Kendirgi, qui fut un directeur facilitateur, très attaché à Hérouville, et qui avait été le plus proche collaborateur de l'ancien maire, François Geindre. Il n'était pas question pour moi de tout chambouler comme certains le craignaient. On coconstruit avec des compétences avant toute chose. En dépit de ce qui avait été fait auparavant, et qui avait été osé, la ville était toujours considérée comme une ville dortoir, une banlieue de la capitale caennaise. Il fallait renverser la tendance et la dynamique a pris. Mais je le dis souvent à des collègues maires. La rénovation urbaine, cela nécessite de consulter, de s'entourer de compétences, et de ne pas se contenter de faire de la démolition/reconstruction. À Hérouville, on n'a jamais voulu cela. On a mixé le logement public et privé avec du commerce, à l'instar du transfert du centre commercial du Grand-Parc par exemple, élément déclencheur de la création d'un centre-ville, même si Hérouville n'aura jamais un centre comme Caen. Mais ceux qui ont quitté Hérouville il y a quelques années et qui reviennent aujourd'hui voient la transformation de la ville avec notamment la création de la place de l'Europe et de tous les commerces le long de l'avenue de la Grande-Cavée* ». Le tramway a été aussi un accélérateur de développement urbain et économique.

La transformation d'Hérouville, pointe Rodolphe Thomas, est passée également par le rapprochement des quartiers qui avaient été créés en trèfles à quatre feuilles séparés par de grands boulevards, des 2 x 2 voies. Nous avons modifié et transformé cela, ce qui a permis d'améliorer la fonctionnalité de la ville. « *On n'est pas d'un quartier mais d'une ville.* » Mais la transformation s'est construite également avec la zone franche urbaine (ZFU) qui a attiré des professions libérales dont plusieurs spécialités médicales. « *Le dispositif de la ZFU a permis de maintenir les commerces de proximité mais aussi d'en créer, d'en faire venir et de préserver une certaine mixité commerciale essentiel pour la vie de tous les jours.* »

Oser, faire confiance

Hier comme aujourd'hui, l'expérimentation et l'innovation demeurent dans l'ADN d'Hérouville, une ville qui ose. En témoigne l'aventure du festival Beauregard. « *La fête des communautés avait pour invité de son 30ᵉ anniversaire, Michel Delpech, qui faisait une tournée promotionnelle. À l'issue de sa représentation, on discute ensemble avec son manager et on évoque l'environnement extraordinaire de Beauregard, qui serait un lieu formidable pour un concert. On ne parlait pas de festival, bien sûr. Paul Langeois, directeur de la salle de musiques le BBC, apprend que j'ai lancé cette idée et me contacte avec l'Hérouvillais Patrick Simon, très engagé sur le volet culturel.* » Ainsi débuta l'aventure Beauregard, se souvient Rodolphe Thomas, pour qui « *oser, sentir les choses, faire confiance à des professionnels* » fait aussi partie de sa mission et il ajoute : « *Cela fait d'autant plus plaisir quand les autres n'y croient pas* ». Ce fut la même chose avec le parc historique Ornavik, poursuit l'élu qui là aussi a donné son feu vert. « *Personne n'y croyait. Une association s'est créée avec la volonté de bâtir un village pour raconter l'histoire de la Normandie. Et ça marche...* »

Continuer à expérimenter

Hérouville n'a pas fini d'expérimenter. Le projet d'éco-quartier entre l'Orne et le canal, baptisé Archipel, situé à 12 kilomètres de la mer, s'annonce comme « *une belle aventure humaine et urbaine* », pointe Rodolphe Thomas tandis que d'autres projets se profilent, à l'instar de la reconstruction du CHU de Caen qui va offrir à Hérouville une autre et belle opportunité avec l'occasion d'une dynamique immobilière et économique. « *Mon souhait, c'est qu'Hérouville garde toujours son identité, riche de sa diversité et de sa mixité. Alors, même si on fait partie d'une communauté urbaine de 49 communes, de 230 000 habitants, qui adhère à un projet commun de solidarité, il faut qu'Hérouville continue d'anticiper et d'innover. J'ai la ville chevillée au corps et ma plus grande fierté, c'est que les Hérouvillais se sentent bien dans leur ville.* »

ALLER PLUS LOIN
PODCAST RODOLPHE THOMAS

Grâce au déplacement vers l'avenue de la Grande-Cavée, de l'ancien centre commercial vétuste et enclavé du Grand-Parc, la rénovation urbaine a permis de doter la ville d'un centre-ville fonctionnel.

ANNÉES 2000, LA VILLE SE MÉTAMORPHOSE

Paris ne s'est pas fait en un jour. Le proverbe peut s'appliquer à Hérouville Saint-Clair, même si passer d'un bourg rural à la deuxième ville de son département montre qu'Hérouville n'a pas perdu de temps. Avant d'entrer dans le XXIe siècle, elle possède un hôtel de ville d'une architecture très contemporaine et qui ne laisse pas indifférent la population. Une bibliothèque municipale ouverte le dimanche, ce qui est rare, un théâtre accueillant le centre dramatique national de Normandie, un cinéma Art et Essai avec un nom évocateur, le Café des images. Ces équipements culturels font et continuent de faire la fierté de la ville car toutes les générations s'y retrouvent et s'y côtoient.

Après son développement fulgurant au fil de trois décennies, au cours desquelles elle fait preuve d'ingéniosité et d'audace, notamment en s'attachant le concours d'architectes de renom, Hérouville fait le constat dans les années 2000 qu'il lui manque un vrai centre-ville. En effet, la « Citadelle » est peu accessible et la fonction commerciale est inexistante malgré l'arrivée du tramway. Pour faire un véritable centre-ville, il faut « l'épaissir ». Les modes de consommation des habitants et l'urbanisme commercial des grandes surfaces de l'agglomération caennaise se développant tous azimuts donneront raison à la Ville qui a restructuré l'offre commerciale de proximité tant dans les quartiers que le long de l'avenue centrale. En offrant une plus grande accessibilité et visibilité, l'idée de transférer et créer des commerces, services publics et bureaux tertiaires est actée le long de l'avenue de la Grande-Cavée. Le cœur de ville ainsi créé prend son essor en quelques années.

Pour en arriver là, il faut remonter le temps avant 2000

Le district de Caen, devenu l'Agglomération caennaise, met en place une opération globale d'aménagement pour les communes de Caen, Ifs et Hérouville Saint-Clair.

Ce grand projet de ville intercommunal a pour objectif de désenclaver les quartiers dits « sensibles » en proposant des moyens de mobilités et déplacements essentiels pour sa population et ainsi offrir aux habitants une mixité sociale, urbaine, fonctionnelle et économique pour un meilleur cadre de vie. L'opération phare est la mise en circulation d'un tramway sur voie réservée (TVR) qui relie les quartiers hérouvillais au centre-ville de Caen en un quart d'heure et en vingt minutes à la gare SNCF.

Si ce TVR fait ses preuves pour désenclaver les quartiers, le matériel roulant ne les fait pas. Les pannes récurrentes génèrent des coûts exorbitants et le mécontentement des habitants, dont les Hérouvillais. Peu fiable techniquement, le TVR est remplacé par un tramway fer, plus économique et écologique, inauguré en 2019 en présence du délégataire Keolis, la Région Normandie, le Département du Calvados, la communauté urbaine de Caen la mer et les principaux contributeurs financiers à cette réalisation.

À Hérouville Saint-Clair, l'avenue de la Grande-Cavée, axe principal de la ville traversé par le tramway, n'est pas encore un véritable centre-ville et n'a aucune vie économique.

Elle est bordée par des immeubles d'habitat social vieillissants. Un premier immeuble situé au 12.07 Grand-Parc est démoli en octobre 2004, soit un an avant la signature de la convention avec l'ANRU et la définition du périmètre de la rénovation urbaine.

Jean-Marc Vignes, alors directeur de l'OPAC (aujourd'hui Inolya) se rappelle : « *Quand a été signée la convention, la plupart des locataires étaient déjà relogés. C'est dire à quel point on y croyait !* » Une belle audace en concertation avec la Ville.

C'est en 2005 que l'ambitieux programme de rénovation urbaine (PRU) d'un montant de plus de 160 millions d'euros est lancé, offrant alors l'opportunité de reconstruire la

ville sur la ville en y maillant de l'habitat public/privé, des commerces et bureaux, mais aussi une meilleure réorganisation et gestion des espaces publics que l'on appelle plus communément la « résidentialisation ».
Les partenaires (Europe, État, ANRU, Région, Département, Caen la mer, Ville, Inolya, CDC Habitat, Logeo Seine, Caisse des dépôts, association Foncière Logement, la SHEMA) scellent alors leur engagement financier dans une convention de renouvellement urbain, signée le 14 octobre 2005 en présence de Jean-Louis Borloo, alors ministre de l'Emploi, de la Cohésion sociale et du Logement.
C'est un acte fort qui s'apparente à la pose de la première pierre de la ZUP dans les années 1960 car quarante ans après, c'est une nouvelle ère urbaine qui s'ouvre pour la deuxième ville du département du Calvados.

Concerter pour réussir

Ce même jour est posée la première pierre de la place de l'Europe en présence du ministre et de tous les partenaires. Pas de réussite urbaine sans centre-ville avec ses activités tertiaires différenciées. Ce sera donc 5 000 mètres carrés de bureaux et commerces, 250 places de stationnement, une Maison de l'emploi, et un nouveau foyer pour les jeunes travailleurs reconstruit. Reste à organiser tout le vaste travail de concertation avec les habitants pour chacune de ces opérations. La Ville innove avec la mise en place d'un bus de la concertation, des réunions de quartier (les conseils de cadre de vie) et des journaux d'informations consacrés à la rénovation urbaine.
Avec le PRU, le centre-ville, les quartiers et les infrastructures sont repensés dans leur globalité afin d'offrir un nouvel habitat adapté aux besoins et d'améliorer la circulation et les déplacements. L'un des enjeux majeurs consiste alors à créer un centre-ville où doivent cohabiter logements, surfaces commerciales, entreprises publiques et privées. Ce projet de rénovation va permettre de renouveler à la fois l'image des quartiers de la zone urbaine sensible (ZUS) et de l'ensemble de la ville. Alors que d'un côté la future place de l'Europe est en chantier avec ses différents équipements, de l'autre côté de l'avenue de la Grande-Cavée, il s'agit d'implanter des commerces et des habitats mixtes pour créer un centre-ville attractif et dynamique. Les immeubles vieillissants sont alors déconstruits pour laisser place à trois ensembles immobiliers à l'architecture moderne. De nombreuses réalisations architecturales seront primées.
Pour répondre aux enjeux de la mixité sociale et fonctionnelle, des logements collectifs mixtes sont construits avec, en rez-de-chaussée, des commerces et des services. Le centre commercial du Grand-Parc est alors transféré le long de l'avenue de la Grande-Cavée, dans le premier bâtiment reconstruit. L'ancien emplacement de ce centre laisse place à un village d'activités et un pôle de santé dénommé Pierre-et-Marie-Curie en 2015, situé dans la zone franche urbaine.
Ainsi, avec son partenaire la SHEMA, spécialisée dans l'aménagement, la construction et le développement économique, un soin particulier est apporté à la qualité architecturale urbaine des différentes opérations menées au Grand-Parc et aux Belles-Portes avec l'agence Reichen & Robert et associés ainsi qu'à la Grande-Delle et au quartier Prestavoine avec le cabinet Eliet & Lehmann. S'engagent également le désenclavement de la ville et des quartiers, l'épaississement du centre-ville, la création de nouveaux équipements structurants dans les quartiers, le renouvellement de l'habitat ainsi que la requalification des espaces publics. Des voies de circulation et des cheminements piétonniers sont également créés, pénétrant les quartiers du Grand-Parc et du Val offrant un paysage urbain dense. Par le biais de différents avenants, le PRU se poursuit jusqu'en 2016 par la construction de la résidence City'Zen (Grande-Delle) favorisant la mixité sociale en s'adressant à un large panel de population (des ménages

modestes, des clients à l'accession classique à la propriété ainsi qu'aux investisseurs locatifs). Portée par un promoteur privé, elle a été conçue par Bienvenu architectes. Des cheminements piétons sont également aménagés.

Outre la reconstruction de 1 000 logements publics/privés et la rénovation de plus de 900 logements privés dans le cadre des OPAH (opération programmée d'amélioration de l'habitat), le programme englobe les problématiques liés à l'emploi, l'éducation et la solidarité. En matière d'emploi, la construction de plusieurs milliers de mètres carrés de bureaux et de commerces, de logements au cœur de ville, doit permettre l'implantation de plus de 300 emplois.

Les demandeurs d'emploi, jeunes, moins jeunes, adultes pourront bénéficier des services de la Maison de l'emploi de l'agglomération caennaise et des services publics de l'emploi.

Comme la loi l'exige pour bénéficier des financements de l'ANRU, toutes les entreprises, pour être éligibles, devront inclure dans les marchés publics la clause dite « d'insertion professionnelle » permettant ainsi à chaque bénéficiaire en recherche d'emploi un parcours d'insertion et qualification.

Inaugurée le 9 février 2017, la résidence City'Zen du promoteur Edifidès est l'une des dernières opérations menée dans le cadre de la rénovation urbaine.

Imaginées par le cabinet d'architectes Millet, Chilou et associés, les résidences du 7e Art et Square des Images, livrées en 2014, donnent une perspective nouvelle à la place du Café des images.

“HÉROUVILLE EST UN ESPACE DE SURPRISES”

BERNARD REICHEN
ARCHITECTE URBANISTE

ALLER PLUS LOIN
PODCAST BERNARD REICHEN

Entretien réalisé le 24 février 2023

L’agence Reichen & Robert et associés a contribué au grand projet de ville d’Hérouville Saint-Clair et plus particulièrement au développement du centre-ville et des quartiers Belles-Portes et Grand-Parc.

Cette agence a acquis une réputation internationale dans les domaines de la reconversion des sites industriels. Elle a aussi beaucoup travaillé sur l'intégration des nouvelles mobilités urbaines au travers, notamment, des tramways qui ont peu à peu réinvesti les villes. Près de deux décennies après, Bernard Reichen est revenu à Hérouville Saint-Clair : « *Ici, nous nous trouvions avec une ZUP qui avait ses limites. Il fallait passer à quelque chose d'autre qu'on peut appeler une première stratification du monde moderne pour fabriquer un territoire urbain plus évolutif et surtout moins rigide* », résume Bernard Reichen.

« *En pareil cas, il faut toujours un déclencheur pour que le discours puisse se construire et la chance qu'on a eue à Hérouville et Caen, c'est le tramway. Nous avons travaillé pour installer cette logique de tram. C'était un acte urbain essentiel.* A posteriori, *c'est le seul qui a réussi à créer une ville inclusive en reliant des territoires qui s'ignoraient, qui a fabriqué un service inestimable, la maîtrise du temps quotidien, et qui en plus a engendré une démarche d'urbanisme d'embellissement. Celle-ci était tombée en désuétude au profit d'un urbanisme de produits finis, celui de l'après-guerre.* »

Le tram est un caméléon

Quand le cabinet Reichen a travaillé sur le Grand-Parc et sur le tram, il a toujours été soucieux de relier des lieux et de fabriquer un lien qui ne soit pas une coupure. « *Le tram est un caméléon* », glisse l'architecte qui poursuit : « *Il prend la couleur du territoire qu'il traverse. Si on veut végétaliser les pistes, on le fait, si on veut mettre du goudron, idem, etc. Nous avons mélangé toutes ces données pour arriver à trouver comment ouvrir des vues, fabriquer une démolition raisonnée, trouver le moyen juridique de reprendre le fil de la ZUP. Cela s'est fait avec la SHEMA et son directeur, à l'époque Alain Kendirgi. Nous avons récupéré les terrains restés publics, c'est-à-dire interstitiels, et considéré ce territoire comme un territoire en mouvement qu'on allait pouvoir recomposer. C'est autour de cette démarche que s'est construit le mécanisme de construction du projet d'Hérouville Saint-Clair.* »

Rien de prémédité

Bernard Reichen l'assure : « *Les lignes directrices étaient claires mais la façon de faire s'est réalisée au coup par coup, en fonction des opportunités et des opérations. Rien de prémédité en quelque sorte. Les fonctionnalités se sont construites assez naturellement par des valeurs de localisations différenciées entre le logement, les activités, les équipements publics. C'est un plan qui s'est construit par mise à jour du plan. On ne pouvait préméditer la dynamique d'assemblage. On pouvait l'encadrer mais pas la préméditer pour laisser une place à l'architecture, à l'imaginaire qui fabrique la diversité et qui reste dans l'esprit de l'espace ouvert.* »

Autant dire que le cabinet Reichen & Robert n'a pas cherché à reconstituer une ville de rues et de places. C'est une ville où la place du vide et de la nature se joue dans la proximité et dans les horizons. Il existe une logique d'horizons avec son premier plan, l'espace. « *Ce qui est intéressant à Hérouville Saint-Clair, c'est que c'est un espace de surprises. On découvre des choses. On ne sait pas trop pourquoi. On les mémorise. On s'oriente. C'est toujours un quartier qui est orienté, jamais banal, avec un équipement de temps en temps. On s'oriente par rapport à l'espace entre nature, architecture, proximité et horizon* », retient Bernard Reichen.

Un mécanisme innovant

Le mécanisme en lui-même était innovant. Et ce au sens où nous étions encore à l'ère du plan.

« *Nous sommes passés de la logique du plan à l'assemblage. Le problème était de créer de l'urbain dans l'urbain, de pouvoir ouvrir des horizons, construire des scènes cohérentes.* » Un parti pris ambitieux. « *Ici, le fait de construire une ZAC à l'intérieur d'une ZUP, c'est-à-dire de considérer le non-construit comme un site de développement, cela a permis à la fois de changer d'échelle, d'organisation, d'introduire de la nature et à la fin de réaliser 1 000 logements là où il y en avait 500 démolis. Cela signifie que la densification s'est faite, mais pas le sentiment de densification. C'était le but : fabriquer un processus urbain et économique et construire un imaginaire urbain qui ne soit pas perçu comme une densification inutile ou du moins dommageable.* »

De retour sur le site plusieurs années après y avoir travaillé, Bernard Reichen constate qu'aujourd'hui « *Hérouville, c'est un territoire qui conserve un ensemble d'interstices. Ce peut être des délaissés, des choses à repenser au titre de la renaturation, de l'embellissement, ce sont aussi des parkings, des voitures qui sont toujours là et qui ont (malgré tout) une vertu : elles sont au sol, elles préservent les interstices, elles temporisent et permettent de passer d'une époque à une autre dans des temporalités qui ne sont pas les mêmes. Actuellement, la réduction de l'usage et de la place occupée par la voiture est un véritable sujet. Les gens pensent que c'est une transition du tout au rien. Non... C'est un projet en soi. Au cas par cas, on peut créer des poches de voitures quand c'est nécessaire et en enlever d'autres quand cela ne l'est plus, et bien sûr quand l'économie le permet* ».

Vue des nouveaux espaces publics du quartier de la Grande-Delle conçu par l'agence Reichen & Robert et associés.

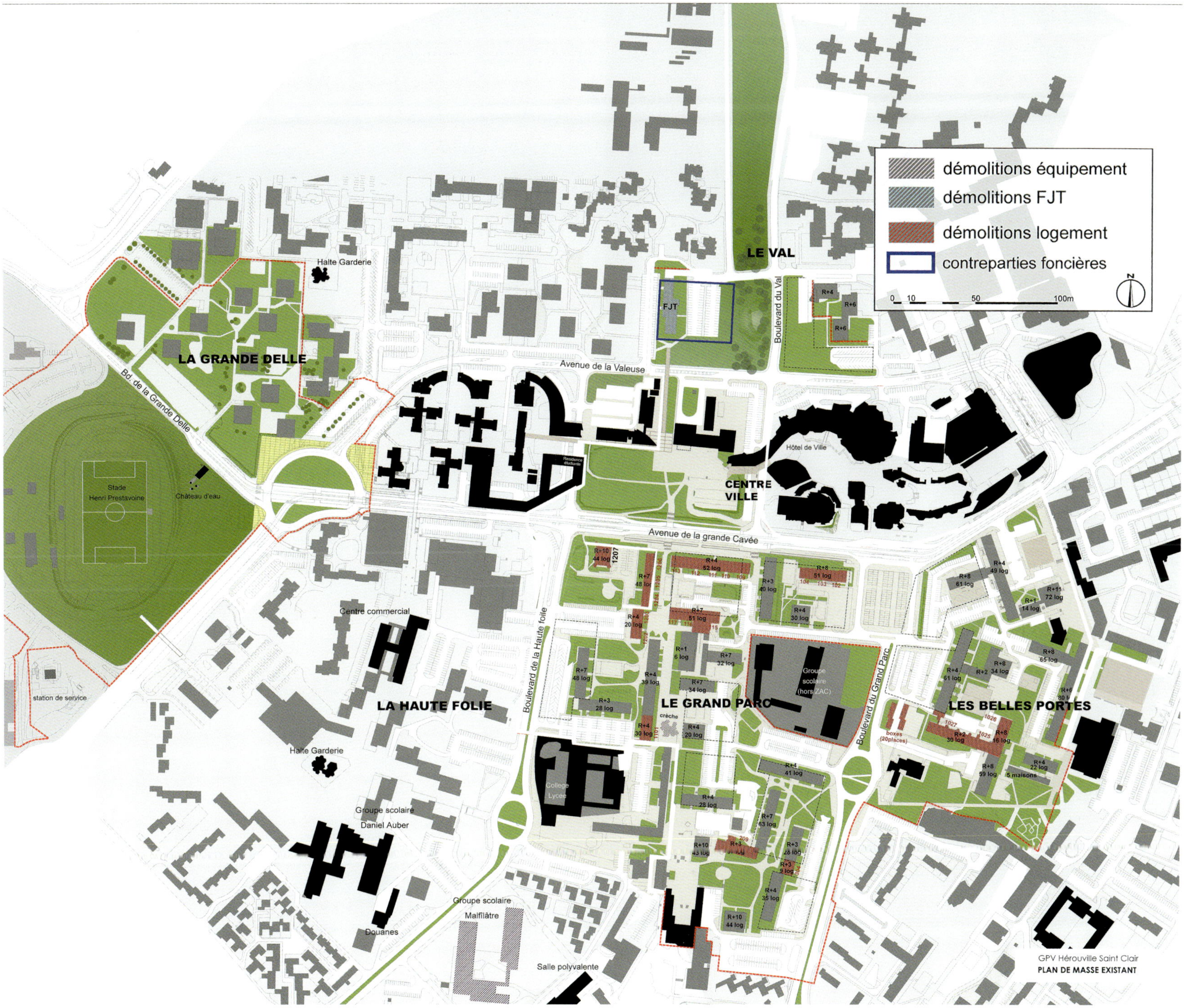

Plan directeur initial du grand projet de ville avant le démarrage des travaux en 2004.

"HÉROUVILLE RESTE MA PLUS BELLE EXPÉRIENCE PROFESSIONNELLE"

STÉPHANIE FRÉGER
URBANISTE

Entretien réalisé le 4 décembre 2022

Devenue chargée de mission à la mairie d'Hérouville après y avoir effectué son stage de DESS (diplôme d'études supérieures spécialisées), Stéphanie Fréger a appliqué pendant six ans, sur le terrain, le grand projet de ville dont la maîtrise d'ouvrage avait été confiée à la SHEMA. « *Une expérience exceptionnelle* » pour cette jeune femme très brillante qui travaille aujourd'hui pour le gouvernement d'Abu Dhabi. Une expérience dont elle se sert au quotidien dans son travail d' « *urban planner* ».

Une vingtaine d'années se sont écoulées mais Stéphanie Fréger n'a pas oublié comment sa carrière a débuté à Hérouville Saint-Clair ni les personnes avec lesquelles elle a travaillé.

Il faut dire que cette période correspondait à un moment charnière de la vie hérouvillaise puisque Rodolphe Thomas venait de succéder à François Geindre et que débutait la mise en œuvre du grand projet de ville puis du programme de rénovation urbaine qui bénéficiera de 160 millions d'euros sur cinq ans pour construire 1 000 logements, en réhabiliter 1 300, créer un centre-ville, rénover des équipements de proximité, etc. « *Je faisais l'interface avec les bailleurs sociaux. Je préparais les conseils municipaux. Je travaillais aussi à la concertation avec les habitants. Je parcourais tous les quartiers pour établir des diagnostics. Nous avons eu la chance que le maire, Rodolphe Thomas, prenne cela sur ses épaules. Tous les trois mois, il y avait des réunions dans les quartiers, les conseils de cadre de vie. Le maire avait exigé que les futurs relogés aient trois choix. Nous avons beaucoup concerté au travers des gazettes du GPV, de réunions, du bus qui circulait dans les quartiers, de la Maison des projets, etc. Le GPV devait être urbain et social...* », se souvient Stéphanie Fréger, qui a quitté Hérouville pour rejoindre son conjoint en poste à Abu Dhabi.

« J'ai pleuré en quittant Hérouville »

Elle a toutefois attendu deux ans pour le faire mais elle a fini par se décider. « *J'étais très attachée à Hérouville. C'était un crève-cœur de partir. Je travaillais avec des gens exceptionnels comme Alain Kendirgi, le directeur de la SHEMA. Le maire me faisait confiance. J'adorais mon boulot et j'avais un* a priori, *comme beaucoup de Français, sur Abu Dhabi.* »

La jeune femme se souvient avoir pleuré en quittant Hérouville, mais elle eut la chance de dénicher rapidement un job d'urbaniste dans les Émirats qui préparent l'ère post-pétrolière en investissant notamment dans le tourisme.

En quelques jours, elle changera d'échelle.

Si le projet hérouvillais était d'envergure, ceux qu'elle aura à manager seront beaucoup plus grands puisqu'il s'agissait de créer une ville de 150 000 habitants, bien loin des 22 000 d'Hérouville.

Aujourd'hui, la jeune Normande travaille pour le gouvernement d'Abu Dhabi, toujours pour des projets d'aménagement urbain. Elle y a apporté sa touche hérouvillaise, celle basée sur le « faire ensemble ».

Une démarche pas toujours comprise par ses collègues, dont certains ont une approche purement urbanistique et réglementaire, avoue-t-elle. Mais force est de constater que la stratégie « hérouvillaise » paie. « *Ça marche. Mes projets avancent bien* », conclut la jeune femme qui, bien qu'à plus de 5 000 kilomètres de ses racines, a toujours un peu d'Hérouville dans son cœur et dans son travail au quotidien.

LA FORÊT D'ÉMERAUDE

ARCHITECTES : TÉTRARC ARCHITECTES ET LEWIS-POTIN

La cité hérouvillaise se distingue là encore avec cet élément emblématique qui, après avoir été le terminus du tram, est aujourd'hui une plate-forme multimodale où cohabitent piétons, cyclistes, automobilistes et transports en commun. Soutenue par des « arbres » de métal, cette sculpture est couverte de polycarbonate.

BÂTIMENT ROBERT-SCHUMAN

ARCHITECTE : GÉRARD FRANC

Réalisation phare du programme de rénovation urbaine, ce nouvel espace Robert-Schuman marque la prolongation et la finalisation du centre-ville. Le bâtiment accueille en rez-de-chaussée des lieux de restauration, des commerces, l'antenne locale de la caisse d'allocations familiales et, dans ses étages, des activités tertiaires (bureaux d'études, associations, cabinets d'exercice libéral).

PÔLE ANIMATION ET JEUNESSE : DES VOLUMES SIMPLES ET UNE PASSERELLE

ARCHITECTE : YVES-MARIE DUVAL

Depuis 1968, ce bâtiment situé au 10.35 Belles-Portes (aujourd'hui place Tikhvine) a toujours été dévolu aux activités socio-culturelles et à la jeunesse. Siège historique de la MJC-Maison pour tous d'Hérouville et par la suite de Radio 666, cet ensemble, qui occupe une place centrale dans la ville, est devenu pôle animation et jeunesse (PAJ) en 2008. Cet équipement est le fruit d'une ambitieuse opération de réhabilitation-extension portant sur 1 500 mètres carrés des locaux de la MJC, menée dans le cadre de la rénovation urbaine. L'architecte a opté pour des volumes simples, ouverts sur la ville au travers de larges baies vitrées. Une passerelle le relie à la nouvelle place Tikhvine.

Inauguré en novembre 2008 par Anne d'Ornano, alors présidente du conseil départemental du Calvados, l'équipement abrite toujours le siège de la MJC et les studios de Radio 666, mais aussi la direction jeunesse et sports de la Ville, le Carré bleu ainsi qu'un stand de tir géré par le club de tir sportif et d'arbalète hérouvillais.

ET UNE NOUVELLE SALLE DE SPECTACLE EN EXTENSION

ARCHITECTE : JOACHIM ENGELHARD (EXO ARCHITECTES)

Début 2024, le pôle animation et jeunesse (PAJ) disposera d'une extension de 800 mètres carrés accolée au bâtiment existant. Elle abritera une salle de spectacle équipée de gradins rétractables permettant de la transformer en salle polyvalente de 320 mètres carrés. Le reste des locaux se compose d'un hall d'accueil, de bureaux et d'une salle de réunion, de loges, d'un studio d'enregistrement et de locaux de stockage. D'une jauge intermédiaire (200 places), ce nouvel équipement va combler un manque à l'échelle du territoire hérouvillais en favorisant les pratiques culturelles et artistiques des jeunes et des associations.

BIM, nouveau partenariat innovant

Pour la réalisation de cette extension, la Ville d'Hérouville, maître d'ouvrage, a noué une convention avec la licence Building Information Modeling (BIM) en alternance, créée en 2021 par le lycée Laplace, en partenariat avec le Cnam et le Greta.

Grâce à la technologie du BIM, il en est fini des plans papier différents pour chaque corps de métier. Ce processus permet de modéliser une maquette numérique 3D du bâtiment, complète et intelligente, contenant toutes les données et informations concernant l'ensemble du bâtiment (géométrie, réseaux, structures, matériaux, etc.). Ce nouvel outil favorise ainsi la collaboration, la coordination et l'efficacité entre toutes les parties prenantes dans la réalisation du bâtiment d'une part, mais aussi dans sa gestion future d'autre part.

Dans le cadre de leur partenariat avec la Ville d'Hérouville, les étudiants de la licence BIM du lycée Laplace ont ainsi modélisé l'ensemble du l'extension du PAJ : maquette gros œuvre, charpente métallique, l'ensemble des réseaux, mais aussi création d'une vidéo de présentation et d'un site internet dédié.

De plus en plus utilisé par les entreprise privées, ce partenariat gagnant-gagnant avec des étudiants en formation BIM est tout simplement une première pour une collectivité à l'échelle de la Normandie.

ALLER PLUS LOIN

Le site dédié au projet par les étudiants de la licence BIM du lycée laplace

L'ESPACE JEAN-MONNET : UNE ÉQUERRE ENTR'OUVERTE

ARCHITECTE : PLATFORM ARCHITECTURE

Inscrit dans le programme de rénovation urbaine, ce bâtiment, vecteur de développement économique, accueille les locaux de Pôle emploi, une pépinière et un hôtel d'entreprises. Au-dessus de son socle s'élèvent ses étages en décalé qui confèrent à l'ensemble l'illusion du déséquilibre. Bâtiment labellisé THPE (très haute performance énergétique), l'espace Jean-Monnet, couleur chocolat, est une réussite architecturale à l'identité bien appuyée, à l'image d'Hérouville. C'est un autre signal fort de la ville.

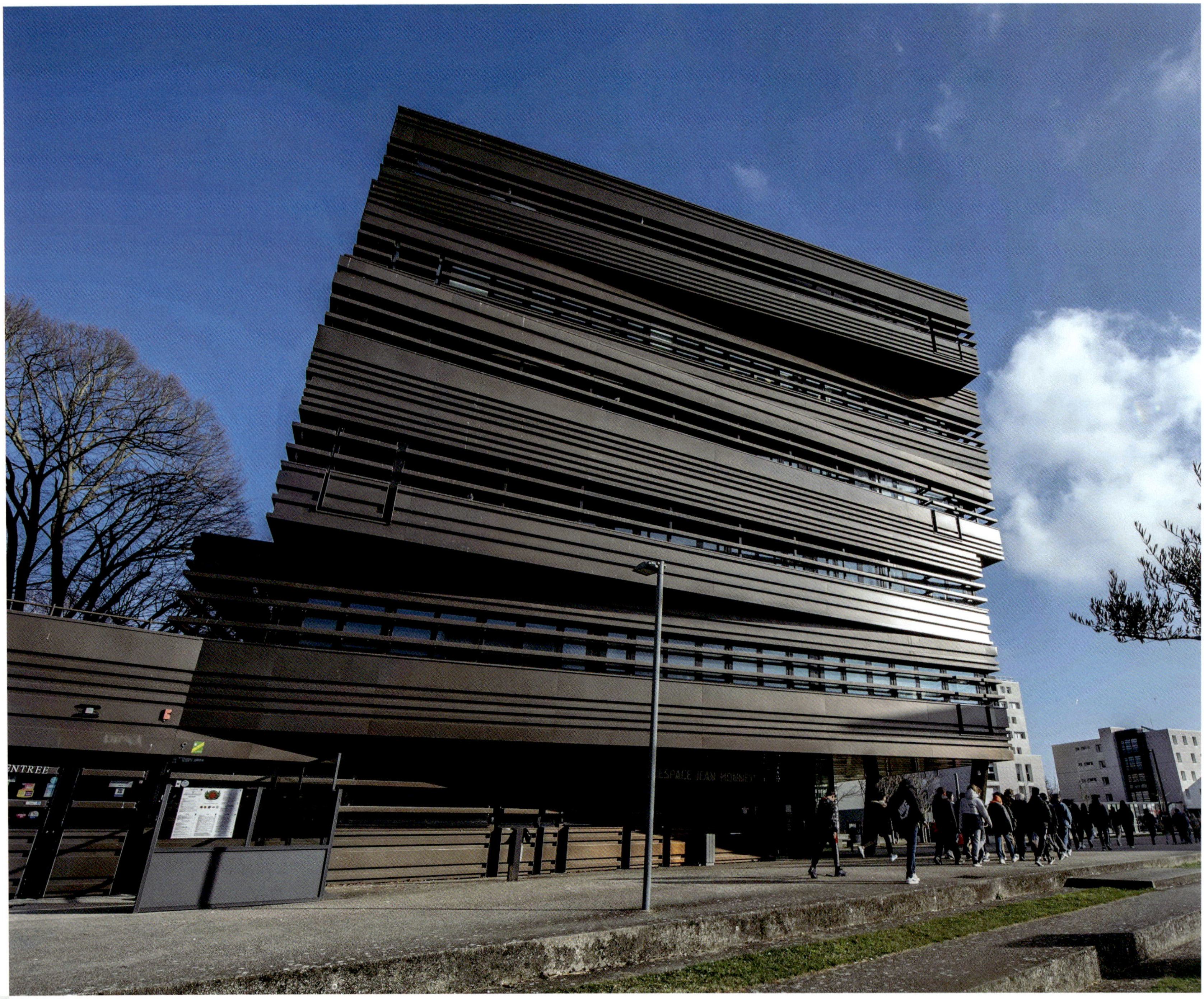

LE PÔLE ÉDUCATIF POPPA-DE-VALOIS ET LA CRÈCHE JARDIN DE ROLLON : UN PROJET PHARE DE LA RÉNOVATION URBAINE

ARCHITECTES : LIPA & SERGE GOLDSTEIN ARCHITECTES

Quarante-deux ans après sa construction, l'école Malfilâtre nécessitait une réhabilitation lourde. Le programme de rénovation urbaine a permis de réaliser cette restructuration en s'appuyant sur une réflexion globale. Les architectes ont choisi de conserver une grande partie de l'équipement existant mais en le remaniant complètement. C'est ainsi que l'entrée de l'école fut retournée pour permettre à cet établissement scolaire de s'ouvrir entre deux quartiers, celui du Grand-Parc et celui de la Haute-Folie en les reliant entre eux.

Ce « nouveau » pôle éducatif réhabilité en 2012 réunit ainsi dans un même lieu les structures éducatives destinées aux enfants de 0 à 11 ans (école maternelle et élémentaire, crèche collective).

À partir de la structure de l'école existante, les architectes ont créé un nouveau bâtiment convivial et lumineux intégrant des équipements mutualisés (cuisine centrale, bibliothèque, patio d'accueil, etc.).

L'éclairage naturel a été privilégié. Au total, le pôle éducatif Poppa-de-Valois s'étend sur 5 000 mètres carrés.

BEAU
RE
GA
RD
6·7·8·9·10 JUILLET 2022
MUSE

ARCHIPEL, HÉROUVILLE MET LE CAP SUR 2030

2023, année du 60e anniversaire de la pose de la première pierre de la ZUP d'Hérouville Saint-Clair, est aussi celle d'une nouvelle ère pour la deuxième ville du Calvados. En 1963, le petit bourg hérouvillais faisait ses premiers pas dans la cour des grandes villes. Quarante ans plus tard, au début des années 2000, Hérouville, profitant de l'arrivée du tramway, repensait son nécessaire renouvellement urbain.

Et vingt années après, c'est un nouveau tournant que s'apprête à vivre Hérouville au travers d'un nouvel éco-quartier entre le canal de Caen à la mer et l'Orne.

Car Hérouville Saint-Clair a la chance de disposer encore d'anciennes friches, comme celle de la SMN fermée en 1993, qui représentent plus de 20 hectares. C'est là que, s'inspirant des canaux présents il y a plusieurs siècles, verront le jour quatre îles. D'où le nom choisi pour désigner ce quartier ainsi baptisé « Archipel ». Un quartier qui conjuguera habitats et activités diversifiées, où le piéton y aura toute sa place.

Chacune de ces « îles » aura son identité propre, le fil rouge de cet écoquartier sera son rapport à l'eau entre l'Orne et le canal, aux portes de la Manche. L'objectif est de pouvoir à la fois y travailler, faire ses courses, se restaurer, jouer, boire un verre et flâner.

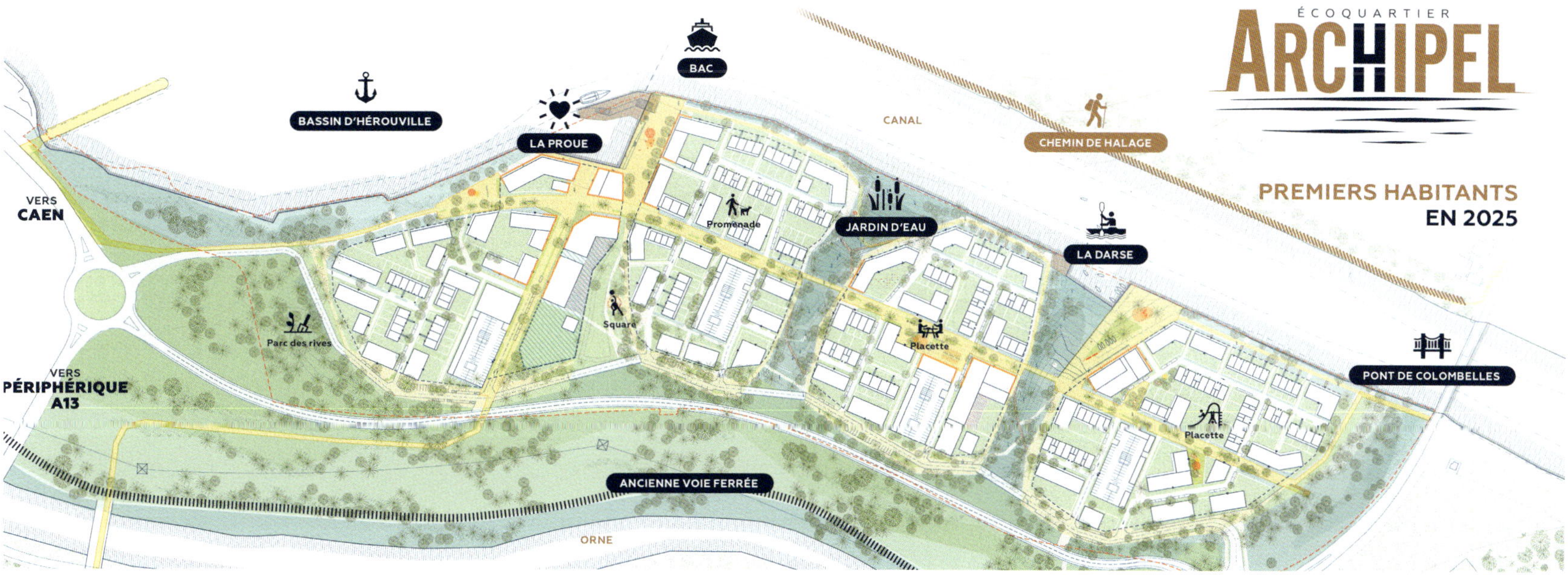

ALLER PLUS LOIN
REPORTAGES & INFORMATIONS

VILLE MONDE

DES FLEURONS INTERNATIONAUX POUSSENT ICI

La ville d'Hérouville Saint-Clair accueille près de 3 400 entreprises dont près de 3 000 ont leur siège sur son territoire. Son attractivité économique est bien réelle puisque son indice de dynamisme est de 0,55. Un indice positif. Il signifie en effet qu'il y a plus d'entreprises qui sont créées ici que d'entreprises qui y meurent.

Le tissu économique hérouvillais se distingue par une présence importante du secteur pharmaceutique, avec notamment trois laboratoires pharmaceutiques de dimension internationale (Farmaclair-Fareva, Gilbert-Batteur, Cyclopharma). À cela s'ajoutent des entreprises leaders dans leurs secteurs comme Eldim, numéro un mondial en métrologie optique, Hamelin, numéro un européen de la papeterie scolaire, Legallais (distributeur de quincaillerie professionnelle), ou encore Cenexi, laboratoire spécialisé dans la fabrication et le remplissage de produits liquides stériles. Hérouville abrite également de nombreux sièges régionaux, à l'instar de KPMG (premier cabinet français en conseil d'audit) ou d'EDF.

"J'ai attiré des entreprises qui sont de beaux fleurons industriels
et de jeunes pousses très prometteuses."

HÉROUVILLE SAINT-CLAIR LES A SÉDUITES

L'une des particularités hérouvillaises est d'abriter un tissu économique très étoffé, de la TPE (très petite entreprise) à la grande entreprise avec notamment des fleurons industriels français, voire internationaux. Elles sont très nombreuses, ces entreprises à avoir choisi de vivre et de s'épanouir à Hérouville Saint-Clair. C'est le cas de Legallais, le leader français de la quincaillerie professionnelle.

Le secteur de la quincaillerie a beaucoup évolué et Legallais (ex Legallais-Bouchard, entreprise née à la fin du XIXe siècle) en est le meilleur exemple. Cette entreprise, installée à l'origine à Caen, s'est transformée en quelques décennies pour devenir le leader indépendant de la distribution de produits pour le marché du second œuvre, à destination des professionnels du bâtiment. Un tour de force consistant à proposer plus de 60 000 références, le tout livré dans les meilleurs délais. Cela représente plus de 15 000 colis expédiés chaque jour en France et au-delà. Ceci lui a valu d'être surnommée l'« Amazon de la quincaillerie ».

Cette entreprise innovante a trouvé à Hérouville un lieu idéal pour s'épanouir grâce au portage immobilier mis en place par la Ville et ce dans un lieu d'exception qu'est Citis, qui accueille 150 entreprises d'ingénierie et de haute technologie sur 100 hectares.

C'est en effet au milieu de la verdure, face aux lacs artificiels du Citis, que Legallais, qui emploie sur ses différents sites plus de 1 000 salariés, a installé son siège social.

Les Laboratoires Gilbert, numéro deux mondial du sérum physiologique en unidoses

C'est en 1904 que les Laboratoires Gilbert ont vu le jour, lorsque le pharmacien botaniste Alexandre Gilbert créa, au sein de l'officine Jacques Batteur, l'emplâtre à découper « Feuille de saule ». Quelques décennies plus tard, Jacques Batteur rachetait et implantait en 1962 les Laboratoires Gilbert à Hérouville Saint-Clair en Normandie, sa région de cœur.

L'entreprise prit un essor exponentiel sous l'impulsion de Laurent Batteur, qui succéda à son père en 1974. En vingt-cinq ans, à coups de créations et rachats de sociétés, d'investissements industriels, l'entreprise est passée d'un effectif de 20 salariés à plus de 800, et d'un chiffre d'affaires de 400 000 euros à 180 millions d'euros. Cette expansion s'est opérée en se développant à Hérouville Saint-Clair, notamment sur la zone de Citis qui a permis à l'entreprise de grandir sans avoir à se soucier de l'immobilier puisque le portage était réalisé *via* la SHEMA, alors dirigée par Alain Kendirgi.

Aujourd'hui, l'entreprise réalise un chiffre d'affaires de 230 millions d'euros et ambitionne les 300 millions en 2025. Elle intervient dans les domaines de la santé, de la cosmétique, du façonnage, de l'hygiène, etc. Le groupe, toujours indépendant et 100 % familial, regroupe 50 marques et exporte dans 86 pays.

Le groupe normand et hérouvillais a intégré le prestigieux classement « Choisel Conquérants 2022 » qui sélectionne 200 entreprises de taille intermédiaire particulièrement « conquérantes ». Ce classement rend hommage aux structures se situant entre les jeunes pousses de la start-up nation et les sociétés du CAC 40.

« *Cette reconnaissance vient confirmer la dynamique de notre groupe et son leadership dans le domaine industriel et commercial* », a commenté Pierre-Éric Dauxerre, directeur général du groupe Gilbert.

Hamelin, leader européen des articles scolaires et de bureau

Chaque seconde, deux cahiers Oxford sont vendus à travers le monde. Oxford est une des marques que le groupe Hamelin a rachetée en 1982. Un groupe dont l'origine remonte à 1864, quand Ernest Hamelin s'est spécialisé dans les registres et livres comptables. Et ce avant que son petit-fils, Robert, ne se lance dans la fabrication de cahiers et décide de quitter la rue Guillaume-le-Conquérant, qui donnera le nom à l'une des marques du groupe Hamelin, pour rejoindre en 1975 la ville d'Hérouville Saint-Clair.

Depuis, la famille Hamelin, qui emploie 2 400 collaborateurs dans 29 pays et distribue ses produits dans plus de 100 pays, a essaimé un peu partout dans le monde. Mais elle a conservé sa base à Hérouville Saint-Clair. C'est d'ailleurs là, à côté du siège historique, qu'Hamelin a installé son Campus. Dans un environnement international et multiculturel, les équipes travaillent avec les filiales aux projets de demain : développement et lancement des gammes internationales, développement de l'application SCRIBZEE®, *lean management* et amélioration des processus, explique le groupe dont le chiffre d'affaires s'établit aujourd'hui à 400 millions d'euros.

Ces fleurons ne sont que quelques exemples d'entreprises parmi un tissu de PME-PMI très dense, encore une spécificité hérouvillaise.

LA SHEMA : UNE SEM INNOVANTE

Créée en 1989 par la Ville d'Hérouville, avec la Caisse des dépôts et plusieurs banques locales, la Société hérouvillaise d'économie mixte pour l'aménagement (SHEMA) a pour objectif l'aménagement de terrains en vue de leur construction et la promotion immobilière, notamment dans le domaine du développement économique et urbain. Elle a conduit les principales opérations d'aménagement de la Ville, notamment l'opération de renouvellement urbain et l'aménagement des ZAC Citis et Lébisey.

La société a accompagné le développement économique de la Ville en réalisant plus de 100 000 mètres carrés de locaux industriels et commerciaux à destination des entreprises. Très rapidement, la société a été sollicitée par des communes de l'agglomération pour réaliser des opérations. En 2001, à la demande de la Région, les trois départements de l'ancienne Basse-Normandie sont entrés au capital de la société, rejoints par l'Agglomeration havraise, puis la Région, devenue Normandie, qui en assure aujourd'hui la présidence.

Avec un chiffre d'affaires de plus de 50 millions d'euros, la SHEMA compte une cinquantaine de collaborateurs et travaille sur toute la Normandie, où elle a conduit des opérations importantes, telles que Normand'Innov sur le pays de Flers avec l'implantation du centre mondial « sièges automobiles » de Forvia, le site du Port de Cherbourg dédié à l'éolien offshore avec l'implantation de LM Wind Power GE, le parc d'activités de Honfleur avec son village de marques, les centre-villes d'Alençon, d'Évreux, l'écoquartier du Havre. C'est à Hérouville qu'elle a forgé un savoir-faire exporté sur toute la Normandie.

"HÉROUVILLE A INNOVÉ EN OFFRANT UNE SOLUTION CLÉ EN MAIN AUX CHEFS D'ENTREPRISE"

ALAIN KENDIRGI
DIRECTEUR DE LA SHEMA DE 1989 À 2019

ALLER PLUS LOIN
PODCAST ALAIN KENDIRGI

Entretien réalisé le 28 septembre 2022

Plus de trente ans après, alors que la SHEMA est devenue une SEM d'aménagement régionale, et qu'elle compte désormais une cinquantaine de salariés, nous avons rencontré Alain Kendirgi, qui dirigea cette société jusqu'en 2019. Il nous explique comment la SHEMA a pu convaincre des chefs d'entreprise à s'installer dans la banlieue caennaise.

Replongeons-nous à la veille des années 1990. De nombreux Hérouvillais travaillent à la Saviem (aujourd'hui Renault Trucks) ou à la SMN (Société métallurgique de Normandie) fermée en 1993. La diversification de l'activité économique s'impose. Mais pour attirer les entrepreneurs, il faut pouvoir les accueillir et pour cela développer de l'immobilier d'entreprise, dans l'intérêt de tous et de façon efficiente.

Le passage par une SEM (société d'économie mixte) baptisée la SHEMA apparut donc comme la solution la plus rapide. « *C'était la première raison. Mais il y en avait une autre* », explique Alain Kendirgi. En effet, la SEBN (Société d'équipement de Basse-Normandie) qui avait réalisé la ZUP était en grande difficulté financière, à Hérouville comme dans d'autres villes.

« *Nous craignions une faillite de cette société. Cela a pu être évité grâce à l'intervention du ministre de l'Urbanisme, Michel d'Ornano. La Ville put récupérer ses terrains dont elle confia l'aménagement à la SHEMA* », résume Alain Kendirgi. « *Sans cela, Hérouville aurait perdu le contrôle avec des risques de promotion immobilière qui n'avaient rien à voir avec le programme initial de la ZUP. Cela fut le cas notamment au nord du Grand-Parc où furent réalisées des tours et des barres d'immeubles avant le changement de municipalité en 1971. Le seul urbanisme était alors le chemin de grue pour économiser un rail sur le chantier, ce qui en termes d'urbanisme était plutôt limité.* »

Un accompagnement sur mesure

Après avoir convaincu les élus du conseil municipal à majorité socialiste que « *sans développement économique il n'y aurait pas de développement pour Hérouville* » et qu'il était impératif de « *changer le rapport au patronat* », ce qui ne signifiait pas pour autant perdre sa fibre sociale, Alain Kendirgi dut convaincre les chefs d'entreprise à s'installer dans cette banlieue caennaise.

« *Nous avons mis en place un système d'accompagnement des entreprises au travers d'un portage immobilier pour permettre aux entrepreneurs de se concentrer sur leurs productions sans avoir à se soucier de l'immobilier* », explique l'économiste.

En résumé, la SHEMA assurait le financement et la construction des bâtiments qu'elle louait ensuite aux entreprises qui pouvaient le moment venu racheter leurs locaux. Ce fut le cas des laboratoires Gilbert, pour lesquels la SHEMA construisit sept bâtiments, du siège d'Eldim que Tim Cook le patron d'Apple, visita en 2017, en passant par Legallais, le géant de la quincaillerie professionnelle, et bien d'autres.

« *On se payait en honoraires et non en marge* », commente Alain Kendirgi qui jouait la transparence avec ses interlocuteurs.

C'est ainsi qu'Hérouville attira de très nombreuses entreprises mais aussi des administrations qui virent là tout leur intérêt et pour lesquelles la SHEMA imagina un crédit-bail. Au total, sept administrations s'installèrent.

Ainsi, Hérouville est passé de 3 600 emplois au lieu de travail en 1975 à 12 500 quarante ans après.

La plus belle réussite

Comment faire connaître une zone d'activité qui à l'époque ne se voyait de nulle part ? C'était le cas en effet de cette zone située près du Ganil mais qu'on ne distinguait pas de la route.

C'est donc le dilemme que dut résoudre la SHEMA quand elle aménagea la zone d'activité baptisée Citis. « *Il fallait que ses qualités intrinsèques convainquent les industriels. L'architecte Michel Kalt nous a amenés un des plus grands paysagistes, Allain Provost.* »

C'est ainsi que vit le jour ce qui demeure comme une des plus belles zones d'activités en France avec, qui plus est, un système de récupération des eaux pluviales très avant-gardiste pour l'époque.

Cette zone d'activité intégra également de l'habitat. Là encore, la SHEMA innova en demandant aux architectes de se faire promoteurs mais en conservant, elle, le foncier.

L'avantage fut pour Hérouville, qui avait encore à cette époque une image dégradée de ville de banlieue, de se doter de belles maisons, bien conçues, répondant aux attentes de leurs acquéreurs.

Il ne restait plus qu'à compléter le tout par du commerce. Ce fut chose faite cette fois en bordure de la 2 x 2 voies.

Aujourd'hui, la SHEMA rayonne sur toute la Normandie.

"LA PÉPITE HÉROUVILLAISE CHOUCHOUTE DE TIM COOK"

THIERRY LEROUX
DIRECTEUR GÉNÉRAL ELDIM

ALLER PLUS LOIN
PODCAST THIERRY LEROUX

Entretien réalisé le 8 février 2023

C'est une entreprise de rayonnement mondial qu'accueille, depuis 1997, la ville d'Hérouville Saint-Clair. Cette entreprise, c'est Eldim. Mais que signifient ces cinq lettres énigmatiques ? Thierry Leroux, son fondateur, nous l'explique en nous contant l'aventure de cette société.

Eldim trouve son origine dans *pixel*, locution anglaise de *picture element*, qui signifie « élément d'image ». Il y a quelques années, quand les académiciens se sont penchés sur la nécessité de « franciser » tous les anglicismes, il a en effet été proposé pour *pixel* et donc pour « élément d'image » : Eldim. C'est ce mot-là qu'a choisi Thierry Leroux pour baptiser sa société. « *Nous sommes les seuls à l'avoir utilisé* », s'amuse le chef d'entreprise. Un mot unique pour une entreprise unique pour qui l'image et les éléments qui la composent sont au cœur de son activité.

Chouchoute de Tim Cook

Cette entreprise, quasi unique au monde, s'est fait connaître en commercialisant un procédé révolutionnaire de mesure de la lumière en un temps extrêmement court (quelques dizaines de secondes contre quatre jours auparavant). Et ce grâce à un procédé, le « conoscope EZContrast », qui permet de mesurer tous les angles d'un écran en même temps plutôt que d'avoir à le faire mécaniquement sous des milliers d'angles de vue.

Gain de temps, et donc gain d'argent

Une technologie devenue indispensable avec le développement du numérique et de ses écrans qui a permis, quelques années plus tard, de développer une technique de la reconnaissance faciale extrêmement rapide, pour déverrouiller son téléphone par exemple. « *C'est comme cela qu'on s'est imposé à l'export. Ça paraissait magique.* »

Cette PME hérouvillaise est d'ailleurs devenue une référence pour Tim Cook, le patron du géant américain Apple, qui a effectué une visite surprise chez son partenaire français en octobre 2017 avant d'être reçu à l'Élysée par le président Emmanuel Macron.

Neuf nationalités différentes

Aujourd'hui, Eldim emploie près de 100 personnes dont 25 ingénieurs de neuf nationalités différentes. Elle exporte à 90 % et ses domaines d'application sont multiples, du numérique au télescope en passant par l'automobile, le spatial, la réalité augmentée, la voiture autonome, etc. En fait, beaucoup des nouvelles technologies peuvent avoir besoin d'Eldim.

Sans fausse modestie, il faut reconnaître que certains ont tenté d'imiter Eldim sans vraiment y avoir réussi, que ce soit aux États-Unis ou en Europe, mais il n'y en a jamais eu plus d'un à chaque fois !

Outre la révolution « smartphones et tablettes » et l'arrivée des nouveaux fabricants (Microsoft, Apple, Google), la société hérouvillaise a changé de dimension en 2015 quand sa technologie, jusque-là utilisée dans le process de développement en laboratoire, a franchi la porte des usines pour mesurer la conformité des équipements finis sur les chaînes de production. Eldim a alors développé une gamme d'équipements spécifiques permettant de réaliser le contrôle exhaustif de chaque produit avant sa commercialisation.

Mais comment Eldim a-t-elle atterri à Hérouville ?

Thierry Leroux revient sur ses débuts. « *J'étais chercheur au LETI, un laboratoire du CEA (Commissariat à l'énergie atomique) à Grenoble. C'est un laboratoire performant à l'origine de beaucoup d'innovations. J'en suis parti et j'ai créé Eldim en 1987 pour travailler dans la métrologie des écrans plats. On a fait le tour des technopoles, mais comme j'étais normand, originaire de Cherbourg, je suis revenu dans ma région. Au départ, comme on était petit, on s'est installé en 1992 à Unicité à Caen. Mais cinq ans plus tard, nous avions besoin de place. J'avais entendu parler de la SHEMA à Hérouville et de son directeur, Alain Kendirgi. C'est ainsi que nous sommes arrivés sur Citis* via *la SHEMA qui nous a livré notre premier bâtiment.* »

Puis il y en a eu un deuxième en 2003, puis un troisième en 2019 et aujourd'hui un quatrième.

« *Hérouville nous a permis d'avoir du terrain, une zone très accueillante pour les scientifiques qui viennent de nombreux pays différents, et des infrastructures adéquates. Ce sont tous ces points-là qui nous ont convaincus. On pourrait être n'importe où, mais on est très contents d'être là. À Hérouville et en Normandie, car c'est quelque chose qui résonne dans la tête des gens. C'est un endroit de vie vraiment sympa et Citis, c'est une grande réussite. C'est quelque chose à part.* »

Et demain ?

Une chose est certaine : pas question de quitter Hérouville. Eldim a des projets sur les générations technologiques d'après, pour de nouveaux clients. L'entreprise, qui fabrique aussi ses propres optiques, travaille dans des domaines très variés (spatial, armement, automobile, etc.) et bien sûr pour tout ce qui a trait aujourd'hui à la réalité augmentée. De nombreux paramètres des lunettes de réalité virtuelle sont mesurés par ses machines car elles sont très demandeuses de performances. Eldim, la pépite hérouvillaise, n'a pas fini de se développer.

HÉROUVILLE SAINT-CLAIR, PIONNIÈRE DES CODING SCHOOLS

En 2015, l'une des dix premières Coding School françaises a vu le jour à Hérouville Saint-Clair, à l'initiative de Willy Leloutre-Got et Cédric Morel-Guilloux. Son objectif : mettre le numérique à la portée de tous, de l'école primaire à l'école supérieure en passant par des personnes en reconversion, des demandeurs d'emploi, des apprentis, des salariés, des dirigeants.

Quelques années plus tard, les deux jeunes entrepreneurs s'installaient à l'entrée de la ville dans un local de 500 mètres carrés. C'est là qu'ils ont diversifié leurs activités dans ce bâtiment dessiné par l'architecte Jean Nouvel et rebaptisé « Cartel Red » en référence à sa couleur rouge, et à son réseau des entreprises du digital fédéré dans cet écosystème.

« *Aujourd'hui, nous embrassons tous les segments de la formation, initiale, apprentissage et professionnelle, de la sensibilisation au développement des compétences* », explique Willy Leloutre-Got qui, avec son associé, a développé une application (Dokki), laquelle a fait l'objet de deux levées de fonds régionale et nationale.

En moyenne, ce sont une centaine de demandeurs d'emploi qui, chaque année, avec l'aide de la Région Normandie, sont ainsi formés au numérique pour relancer ou réinventer leur emploi. Mais c'est aussi une centaine d'apprentis qui se forment chez Créative, la partie CFA du Numérique de l'ex Coding School, pour se lancer dans les métiers d'aujourd'hui et de demain.

La petite entreprise hérouvillaise, qui emploie une vingtaine de salariés et qui s'est étendue à la Halle, attire donc les grands. Elle s'est d'ailleurs fait repérer il y a deux ans par le groupe IRFA Formation (1 500 formateurs, 25 000 apprenants formés chaque année sur plus de 60 sites de formation), et le Collège de Paris, un regroupement d'écoles international. Ces deux acteurs majeurs de la formation reprennent désormais le flambeau, et propulsent la Coding School et ses innovations à l'échelle nationale. Les deux fondateurs demeurent toutefois sur le territoire et vont s'engager à relever de nouveaux défis, notamment ceux liés à l'intelligence artificielle et les grandes transitions sociétales.

« *Nous sommes fiers d'avoir impulsé, à travers la Coding School, une dynamique dans le domaine numérique sur la région Normandie et d'avoir été un fédérateur. De nombreux métiers vont se réinventer et émerger d'ici à 2030, nous serons là pour guider au changement. C'est une incroyable aventure humaine et entrepreneuriale que nous avons vécue, et elle n'est pas terminée* », souligne Willy Leloutre-Got.

« *Au-delà de notre métier d'agitateur pédagogique et d'innovateur numérique, c'est le pari fou des collectivités, des banques, des entreprises, des équipes compétentes qui ont cru à notre vision utopique au début, avant-gardiste ensuite et finalement gagnante aujourd'hui, qui a fait ce que nous sommes désormais. Un succès est toujours collectif* », précise Cédric Morel-Guilloux.

Willy Leloutre-Got et Cédric Morel-Guilloux devant le Cartel Red.

DOKKI, L'APPLI QUI RÉVOLUTIONNE LES FORMATIONS À DISTANCE

Ce service innovant, imaginé à Hérouville par Willy Leloutre-Got et Cédric Morel-Guilloux, permet de produire du contenu de formation sur mesure, dans un format numérique, à la fois court et ludique.

Les deux entrepreneurs, pour qui les modes de formation traditionnels doivent aujourd'hui se conjuguer avec des méthodes et des outils adaptés aux nouvelles générations, à leurs codes et leur usages, proposent des capsules pédagogiques (vidéos, fiches, animations, images ou podcasts) de trente secondes à cinq minutes, présentant les points essentiels à retenir.

Une levée de fonds pour développer son programme d'innovation

Déclinable à tous types de formations ou de métiers, Dokki réunit différents outils permettant d'évaluer la progression et les acquis, « *comme des quiz et des évaluations ludiques pour s'assurer que les savoirs sont intégrés* ».

Dokki, c'est le chaînon manquant entre la formation traditionnelle et l'autoformation. Toujours disponible, Dokki s'adapte au rythme et à la vie de l'apprenant, ne met jamais en échec et accompagne les utilisateurs jusqu'à la mise en pratique dans leur vie professionnelle des nouveaux savoirs et savoir-faire. En cas de besoin, Dokki propose toujours une remédiation humaine.

C'est aussi cela la clé de la réussite : penser le numérique comme un outil et valoriser les femmes et les hommes comme une finalité absolue.

Le marché est infini et à l'échelle mondiale. Autant dire que l'appli Dokki ne fixe aucune limite à son développement.

“La start-up qui révolutionne la détection des artères”

LUCILE DERLY
DIRIGEANTE D'ARTERYA

Entretien réalisé le 4 avril 2023

« Hérouville cochait toutes les cases »

Un écosystème dynamique proche du CHU, de Cyceron, qui abrite un ensemble unique de laboratoires et d'équipements, d'entreprises innovantes. Un site accessible par le tram et même à vélo *via* une piste cyclable. Un bâtiment à côté des petits lacs de Citis, un endroit où l'équipe puisse se sentir bien, un loyer modéré. Quand Lucile Derly, après s'être installée à Caen chez Normandie Incubation, a voulu voler de ses propres ailes, c'est le site de Citis à Hérouville Saint-Clair qu'elle a choisi.

Soixante ans après les Laboratoires Gilbert

C'est ainsi que, soixante ans après que Jacques Batteur, pharmacien d'origine, a implanté les Laboratoires Gilbert à Hérouville Saint-Clair, c'est une toute jeune entreprise à l'avenir très prometteur qui a fléché Hérouville et son environnement propice pour s'installer.

Pas question de comparer les deux, bien évidemment, même si à l'origine les Laboratoires Gilbert ne comptaient qu'une vingtaine de personnes. Reste que l'histoire se répète souvent et qu'Hérouville en est le dénominateur commun.

Promise à un bel avenir

En effet, la toute jeune société Arterya, créée en 2020, semble être promise à un bel avenir.

Elle est née du constat fait par un interne en médecine, Nicodème Pellier, à son amie, Lucile Derly, ingénieure, diplômée d'un master en marketing appliqué. À savoir qu'il est très difficile de détecter une artère pour une prise de sang. Or, cet acte, réalisé toutes les deux secondes en France pour connaître notamment l'état de détresse respiratoire, cardiaque ou rénale d'un patient, échoue dans 30 % des cas, ce qui peut entraîner des complications et des coûts importants.

D'où l'idée des deux amis de concevoir un dispositif qui permette de détecter plus facilement les artères. Lucile, ingénieure, a alors travaillé d'arrache-pied et imaginé Blood'Up, un bracelet qui, positionné sur le bras du patient, permet grâce à un système de laser de mettre en évidence l'artère et donc l'endroit où il faut piquer. Il y a quelques mois, Arterya a débuté les essais cliniques indispensables à la commercialisation espérée début 2025. Ce dispositif va révolutionner la prise de sang artérielle en France et à l'international car il n'y a pas d'équivalent dans le monde.

Il doit en effet faciliter le travail des soignants et générer des économies dans les établissements de santé.

D'ingénieure à chef d'entreprise

Entre temps, Lucile a dû se frotter au monde de l'entreprenariat car il lui a fallu, avec son associé, lever plus d'1 million d'euros de fonds. Opération réussie au point que dans le très réputé journal américain *Forbes*, qui a créé le classement « *des 30 under 30* », répertoriant le jeunes entrepreneurs et dirigeants les plus influents de moins de 30 ans, « *susceptibles de transformer les entreprises et la société* », Lucile Derly, cofondatrice d'Arterya, âgée de 29 ans, y figure en 2023 dans la catégorie Science et Healthcare.

Une belle récompense pour Lucile et son équipe qui travaillent, en plus de la commercialisation de Blood'Up, au développement de nouvelles applications.

SAMBA NOR DIAW, L'INGÉNIEUX BASKETTEUR HÉROUVILLAIS

Entretien réalisé le 26 mai 2023

Ou plutôt l'ingénieur basketteur. Car Samba est tout à la fois un basketteur, qui a choisi d'évoluer en N3 au club d'Hérouville Saint-Clair, et un ingénieur diplômé de l'ESIX (École supérieure d'ingénieurs de l'université de Caen-Normandie).

Chez ce jeune Sénégalais, ingénieux, la passion pour le basket qu'il pratique depuis ses trois ans et son goût pour la technologie et l'innovation ont en effet donné naissance à une start-up baptisée DataDunk.

Il n'aura pas fallu beaucoup de temps à cet ancien étudiant de l'ESIX pour mettre sa formation pointue, en mécatronique et systèmes embarqués, au service du basket et de la performance sportive de ses joueurs.

Celle-ci est déjà évaluée dans les sports outdoor comme le foot ou le rugby où les clubs pro sont dotés de technologies d'analyse, mais pas au basket notamment où les coachs en sont encore aux données collectées manuellement. Samba a décidé de combler cette lacune.

LA RÉVOLUTION DATADUNK

Fort de ses compétences acquises dans le domaine des systèmes intégrés intelligents, Samba Nor Diaw a donc décidé de relever le défi de combler cette lacune mais aussi de rendre accessible un outil de mesure, d'analyse et de gestion de la performance sportive indoor. Et ce grâce à une batteries de caméras, capteurs. Même le ballon orange est connecté. Tous les déplacements, actions, données physiques des joueurs sont ainsi enregistrés et analysés automatiquement. L'intérêt est multiple, à commencer pour les coachs et les joueurs pour lesquels cela pourra aussi aider à prévenir les blessures.

Le premier prototype de DataDunk a été réalisé au cours des études de Samba qui a obtenu le soutien de son école et des laboratoires de recherche de l'Université de Caen-Normandie. La start-up du jeune basketteur hérouvillais a vu le jour en 2021 avec le concours de Normandie Incubation (Région Normandie, ministère de l'Enseignement supérieur, de la recherche et de l'innovation et Fonds Européen). Il n'avait alors que 22 ans.

« *L'écosystème normand m'a bien réussi* », reconnaît Samba dont le projet mais aussi la personnalité ont convaincu nombre d'acteurs et d'investisseurs locaux qui ont accompagné le jeune ingénieur dans sa découverte du monde entrepreneurial.

Aujourd'hui, DataDunk est hébergée au MoHo à Caen. La jeune pousse a décroché, en 2022, le prix Pépite parrainé par la Caisse d'épargne de Normandie et Bpifrance. Ce prix valorise les projets des étudiants-entrepreneurs et leur offre une aide financière. Elle a également été lauréate du concours Initiative France.

À la tête aujourd'hui d'une équipe de cinq personnes, bientôt six, et alors qu'une levée de fonds a été opérée, Samba envisage la commercialisation de DataDunk à la fin de l'année.

L'équipement des clubs normands est déjà au programme. Mais le marché dépasse bien évidemment les frontières régionales et mêmes nationales. D'ores et déjà, il y a un rendez-vous que ne veut pas manquer DataDunk. Ce sont les Jeux olympiques et paralympiques de 2024.

ALLER PLUS LOIN
REPORTAGES & TEMOIGNAGES EN LIGNE

VILLE EXPÉRIMENTALE

EXPÉRIMENTATION, INNOVATION, PASSION

De l'école Freinet, qui a vu le jour en 1978 dans le quartier du Bois, à l'École de la deuxième chance (E2C Normandie) en 2017, en passant par le CLE, un des trois établissements secondaires expérimentaux (1982) en France, ou encore le programme de réussite éducative (PRE) en 2005, la ville d'Hérouville Saint-Clair cultive une tradition de l'expérimentation et de l'innovation avec passion depuis plus de quarante ans.

C'est elle qui a forgé le ciment de cette continuité, garante du présent.

Aujourd'hui, au-delà des structures, Hérouville s'emploie toujours à créer un environnement propice au bien-être et à l'épanouissement du plus grand nombre de ses jeunes à l'instar du dispositif Orchestre à l'école ou de la gratuité de la restauration scolaire pour les familles aux revenus modestes.

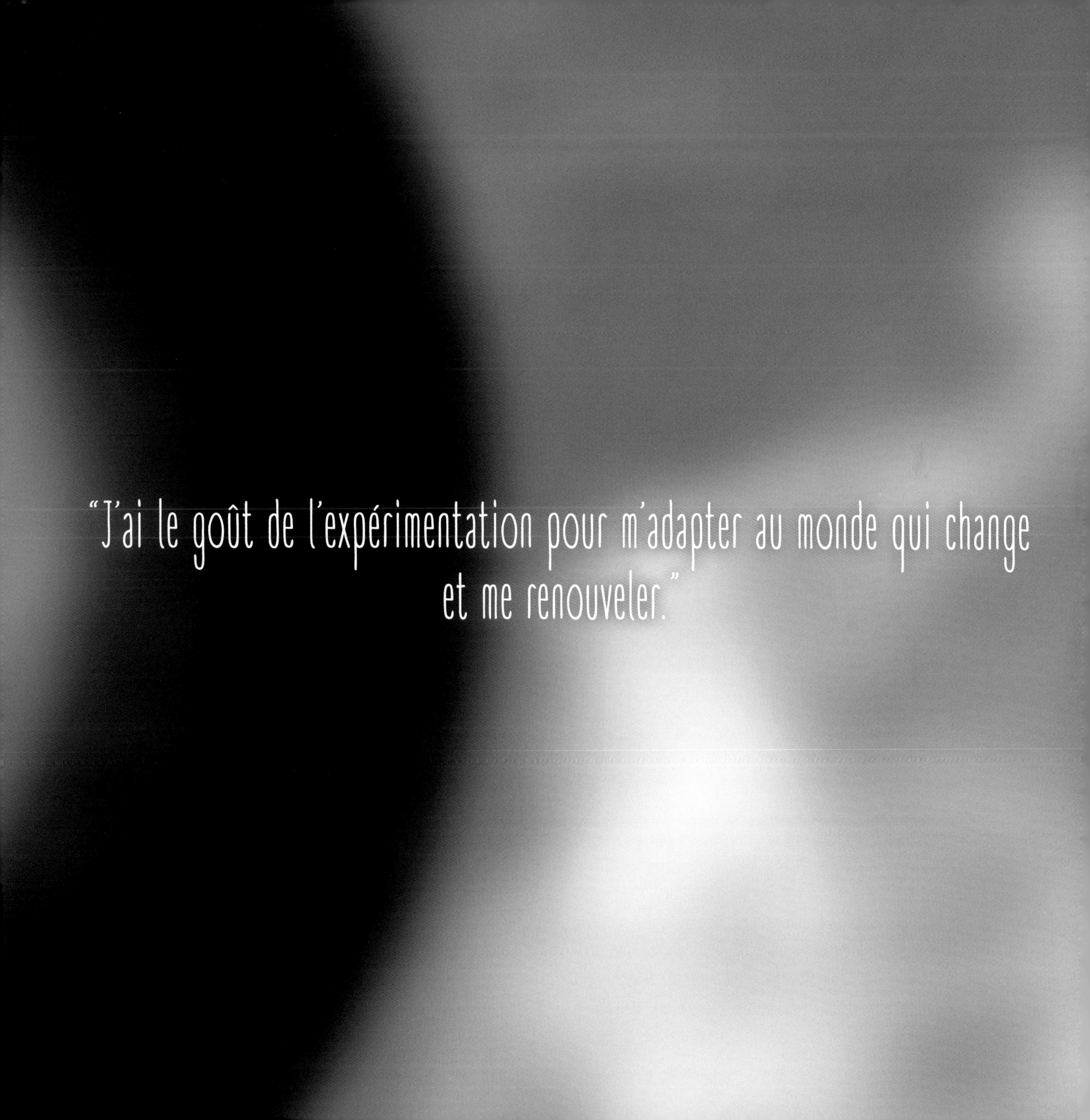

"J'ai le goût de l'expérimentation pour m'adapter au monde qui change et me renouveler."

L'ÉCOLE CÉLESTIN-FREINET : 45 ANS DÉJÀ !

Nous sommes en 1978. En moins de quinze ans, la ville a vu sa population multipliée par treize : 957 habitants en 1946 à 22 555 habitants en 2022. Beaucoup de familles se sont installées. Beaucoup d'enfants sont nés. Cette année-là, une école ouvre ses portes dans le quartier du Bois, alors en pleine construction. C'est une école « ouverte » comme l'est déjà celle du quartier du Val depuis 1975, aujourd'hui dénommée école Simone-Veil et comme le sera en 1981 celle qui porte aujourd'hui le nom de l'astronaute Claudie Haigneré, dans le quartier du Bois. Le projet architectural de l'école avait été confié à Michel Kalt, lauréat avec Bernard Schoeller du « Modèle Innovation 1974 » du quartier du Bois basé sur une trame « hexagonale » dans laquelle s'insère l'école. Pas d'angle, pas de couloir mais des alvéoles où évoluent les enfants. Une architecture volontairement novatrice adaptée à une pédagogie décloisonnée.

L'école du quartier du Bois s'inscrit d'emblée comme l'une des rares écoles Freinet en France. Les écoles officielles « Freinet » ne sont plus qu'une dizaine en France aujourd'hui, même si plusieurs milliers d'enseignants s'inspirent de cette méthode. C'est, et cela reste d'ailleurs, la seule en Normandie. La pédagogie Freinet, qui porte le nom de son « inspirateur » Célestin Freinet (1896-1966), se base sur la responsabilisation des enfants grâce à leur action et leur coopération.

POURQUOI UNE ÉCOLE FREINET À HÉROUVILLE SAINT-CLAIR ?

C'est Henri Peyronie, professeur à l'université de Caen, qui répond à cette question dans l'ouvrage *Le mouvement Freinet : du fondateur charismatique à l'intellectuel collectif.* « *Les villes nouvelles comme Hérouville, impulsées par des classes moyennes à fort niveau scolaire, ont attendu autre chose de l'école. À la composition sociologique d'Hérouville s'ajoutait, dans les années 1977, le fait qu'une militante de mouvement d'Éducation nouvelle, Francine Best, alors directrice de l'INRP, était également adjointe au maire. Le mouvement Freinet a cette originalité qu'il se renouvelle. À Hérouville, on en est actuellement à la quatrième génération.* » C'est ainsi qu'Hérouville Saint-Clair prend très tôt une place particulière dans l'innovation pédagogique en France.

Avec son prolongement au collège-lycée expérimental, le CLE, Hérouville Saint-Clair est quasiment l'une des seules villes à proposer une telle pédagogie de la maternelle-primaire au secondaire.

Roxane Tardy, dans son mémoire de licence d'architecture, intitulé *L'espace au service de la pédagogie*, qui a eu la chance d'avoir une éducation à partir de cette pédagogie (*sic*) s'interroge à ce propos : « *La pédagogie Célestin Freinet n'est pas répandue. De ce fait, il est surprenant de voir que deux établissements se sont implantés dans la ville d'Hérouville Saint-Clair. Peut-on établir un lien avec l'urbanisme nouveau et utopique de cette ville ? Est-ce l'expression d'un besoin des habitants qui a amené la construction des écoles ou l'idée émane-t-elle d'une quelconque instance politique locale ?* »

Une femme, à la fois élue et enseignante, en a assurément été l'instigatrice. Il s'agit de Francine Best. Conseillère municipale et responsable de la formation continue des professeurs d'École normale et des inspecteurs régionaux, avant de diriger l'Institut national de recherche et de documentation pédagogique, elle fut à l'origine de la création des trois écoles « ouvertes » à Hérouville.

LE CLE : UNE RÉFÉRENCE DE L'ÉDUCATION NATIONALE

Quelques années après la naissance de l'école Freinet, c'est un collège-lycée expérimental qui s'ouvre à Hérouville Saint-Clair. Nous sommes au tout début des années 1980. Avec l'élection de François Mitterrand le 10 mai 1981 et l'arrivée d'une majorité de gauche à l'Assemblée nationale, le monde enseignant aspire à ce qu'un vent nouveau souffle dans l'Éducation nationale.

De nombreux militants de mouvements pédagogiques revendiquent ainsi leur volonté de voir émerger des projets d'écoles nouvelles. Hérouville Saint-Clair, ville en ébullition tous azimuts, n'est pas en reste.

Dans cette ville « nouvelle », propre à l'épanouissement d'une zone d'innovation sociale, où les « nouvelles » classes moyennes sont partie prenante du monde politique et associatif, une équipe se constitue pour imaginer un collège-lycée dans la continuité de la pédagogie Freinet déjà présente à Hérouville Saint-Clair depuis 1977.

C'est ainsi qu'en 1982, le projet d'un « collège-lycée expérimental » (CLE, prononcez *clé*) est accepté par le ministre de l'éducation, Alain Savary.

C'est l'un des trois établissements de ce type qui seront autorisés après le lycée François-Villon à Paris et le lycée autogéré de Saint-Nazaire créé par Gabriel Cohn-Bendit.

Les 190 élèves qui firent leur première rentrée en septembre 1982 s'installèrent dans des préfabriqués au château de Beauregard avant d'intégrer un immeuble du quartier du Grand-Parc.

Six ans plus tard, l'équipe pédagogique, soucieuse d'élargir sa pratique éducative à un plus grand nombre, élabore un nouveau projet baptisé « Grandir » qui sera approuvé par le Rectorat en 1993. Le cabinet d'architectes de Roland Castro et Sophie Denissof sera chargé de réaliser ce nouveau CLE. En 1995, le CLE nouveau est inauguré avec 275 élèves.

De larges galeries vitrées ouvrent le lieu au monde à l'instar de la pédagogie qui y est dispensée et qui se veut elle aussi ouverte sur les autres.

Une grande cour, des patios dédiés chacun à un niveau d'enseignement, une construction de charpente de marine avec ses hublots, des courbes, cassent le rythme de la construction.

ALLER PLUS LOIN
REPORTAGES & TEMOIGNAGES EN LIGNE

Le CLE d'Hérouville, collège-lycée expérimental
Rencontre de cet établissement hors normes avec les témoignages de collégiens, lycéens et professeurs.
Réalisation : Jérôme Bréhier et Sylvain Piot. 53 mn - 2003

Un établissement scolaire pas comme les autres :
le collège-lycée expérimental d'Hérouville Saint-Clair
Réalisation : CRIJ - Normandie Caen. 7 mn - 2017

Témoignages élèves, collège-lycée expérimental
Réalisation : CLE Hérouville Saint-Clair - 2011

COLLEGE LYCEE EXPERIMENTAL
LE GRAND PARC
10 n° 10.01 à 10.18
Maison des Associations
Pôle de cohésion sociale
Salle Polyvalente

"LA NOTION D'ÉCHEC SCOLAIRE EST MONSTRUEUSE"

FRANÇOISE REY
COFONDATRICE DU CLE

Entretien réalisé le 6 mai 2022

Agrégée de lettres classiques, Françoise Rey fut partie prenante du groupe fondateur du collège-lycée expérimental (CLE). Elle y a enseigné pendant vingt ans. Aujourd'hui retraitée de l'Éducation nationale, elle revient sur la genèse de cet établissement à la pédagogie si innovante et précise les grands principes d'origine toujours en vigueur aujourd'hui.

Elle nous livre aussi sa réflexion pertinente sur l'éducation. Un entretien passionnant que vous pouvez retrouver dans son intégralité en podcast et dont voici un aperçu.

« Il n'aura fallu que cinq mois pour que le CLE voit le jour en 1982. Inutile de souligner l'exploit sportif, intellectuel, logistique, que cela représentait quand on connaît l'aimable pesanteur de l'Éducation nationale [...] *L'implantation à Hérouville Saint-Clair a été accidentelle, en quelque sorte, et miraculeuse. Nulle part ailleurs que dans cette ville innovante nous n'aurions eu la même facilité, de la part de la municipalité, des infrastructures (écoles ouvertes, cinéma, médiathèque, etc.), une aide constante et précieuse. On s'est senti parfaitement à l'aise, parfaitement épanoui dans cette ville dès le départ. »*

Le mot CLE, retenu pour son acronyme, a particulièrement été bien choisi. Ça sonne, ça frappe et cela rejoint le sens des Essais *de Montaigne. Expérimenter, cela veut dire au sens étymologique "faire l'essai, l'épreuve de quelque chose". Les* Essais *de Montaigne, c'est faire l'essai de son jugement. Cela rejoint aussi le tâtonnement expérimental de la pédagogie Freinet. Un enfant apprend à marcher, à écrire, à parler par essai/erreur. L'établissement aurait pu se qualifier d'Innovant comme à Poitiers, ou d'Alternatif ou de Différent, mais Expérimental correspond bien au projet du CLE.*

On essaie... On se trompe... On recommence... On va plus loin... On acquiert une expérience qui ne peut pas se reproduire ailleurs parce que c'est du vivant et que rien ne peut être transposé tel quel, mais l'expérience de l'un nourrit l'expérience des autres. »

Une autre école

Nous sommes partis du slogan « Une autre école » avec une profession de foi : supprimer la notion même d'échec scolaire Cela ne veut pas dire que nous avions la naïveté de croire que tous les élèves allaient faire l'École normale supérieure ou entrer à Polytechnique.

La notion d'échec scolaire n'a aucun sens. Chaque enfant est différent, a ses qualités, ses atouts, ses difficultés, son histoire personnelle. L'uniformité républicaine produit des hécatombes. Combien d'enfants sont formatés pour survivre à l'école républicaine ? Notre ambition, c'est que les jeunes sortent de chez nous en ayant fait l'expérience d'une socialisation, en étant considérés en tant que tels et en trouvant la voie qui leur permette de s'accomplir.

L'important, c'est que chacun évite la stigmatisation, l'humiliation précoce, qu'on l'enferme dans l'étiquette "mauvais élève", et qu'il poursuive son chemin comme il peut. Et nous, on est là pour l'aider. Dire qu'un enfant est en échec est monstrueux, inhumain. D'où vient la violence sociale ? », interroge Françoise Rey.

La réponse est sans appel : « *Pour moitié de la violence subie à l'école* ».

ALLER PLUS LOIN
PODCAST FRANÇOISE REY

LE PROGRAMME DE RÉUSSITE ÉDUCATIVE POUR TOUS DE 2 À 16 ANS

Parce que l'école ne peut pas tout mais joue un rôle fondamental pour offrir ses chances à l'enfant, Hérouville Saint-Clair a mis en place un dispositif de réussite éducative : le PRE (programme de réussite éducative).

Créé en 2005 dans le cadre de la loi de programmation pour la cohésion sociale – dite loi Borloo – l'objectif est d'accompagner dès la petite enfance des enfants et des adolescents présentant des signes de fragilité et des retards scolaires, en cherchant à prendre en compte la globalité de leur environnement.

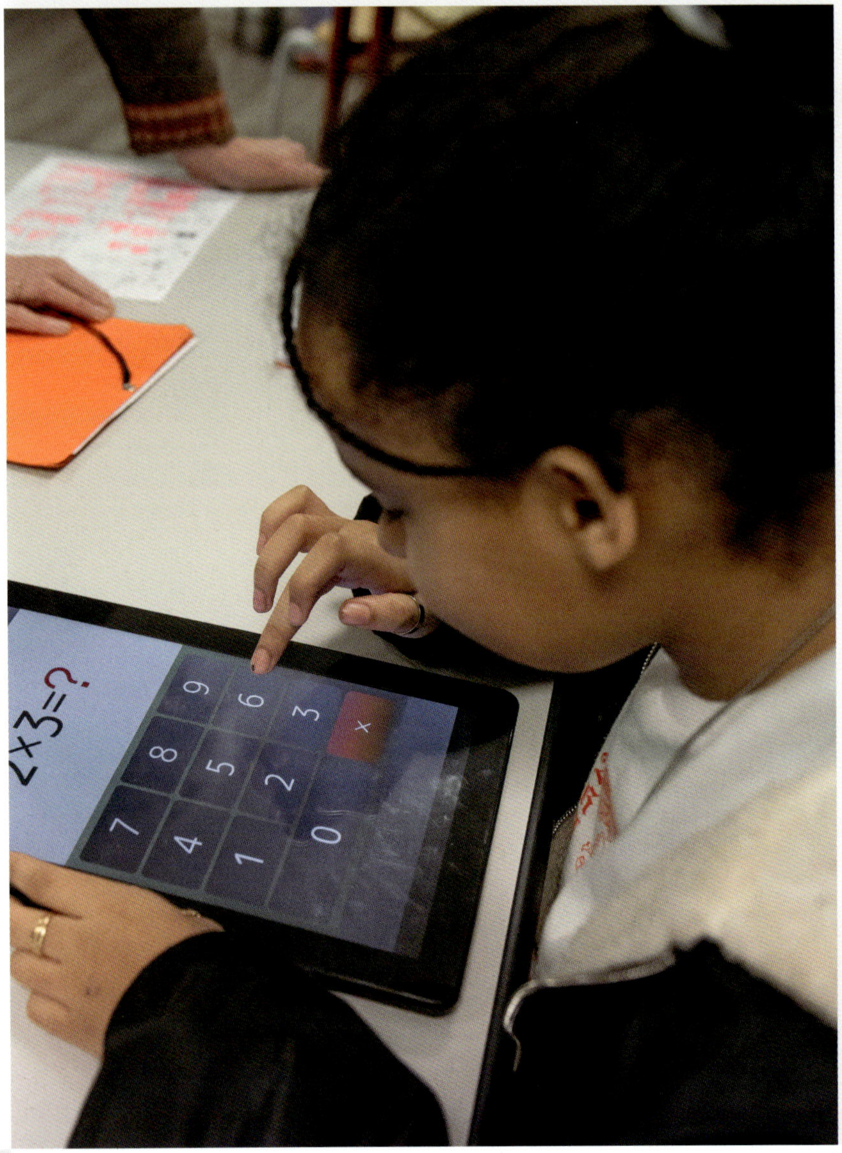

Ce dispositif marque un changement des principes et des modes d'intervention. Il s'adresse à des enfants et pas seulement des élèves. Il restitue les difficultés individuelles que ces derniers rencontrent dans le contexte des difficultés familiales et environnementales, notamment en matière sociale, sanitaire, culturelle et éducative.

Enfin, il permet d'apporter une réponse à chaque situation individuelle. Hors temps scolaire, il s'adresse à tous les jeunes de 2 à 16 ans qui habitent la cité. Il ne s'agit pas uniquement de soutien scolaire, mais de proposer divers accompagnements destinés à contribuer à l'épanouissement personnel. Au départ, ce dispositif de cohésion sociale était réservé en priorité aux enfants et adolescents habitant en zone urbaine sensible ou scolarisés dans un établissement de l'éducation situé en ZEP (zone d'éducation prioritaire). Depuis quelques années, il a été élargi à l'ensemble des quartiers sous l'impulsion de la Ville.

"CONTRIBUER À L'ÉPANOUISSEMENT PERSONNEL"

Environ 500 actions sont menées chaque année auprès de plus de 400 jeunes dont une bonne moitié d'habitants des quartiers concernés par les politiques de la ville. C'est un atout majeur pour l'égalité des chances et l'accompagnement des jeunes et des adultes.

UN LABEL « CITÉ ÉDUCATIVE » POUR HÉROUVILLE

Seule ville de l'ex-Basse-Normandie à avoir obtenu ce label peu de temps après sa création, Hérouville Saint-Clair est l'un des 80 territoires ayant bénéficié de ce programme expérimental sur la période 2020-2022. Ce projet s'articule autour de deux axes stratégiques : accompagner la parentalité à tous les stades et accompagner les jeunes tout au long de leur parcours éducatif.

Dans ce cadre, des ateliers sur l'éducation positive pour les parents d'enfants de moins de 6 ans ont été organisés ainsi que des ateliers gratuits réservés aux parents des quartiers prioritaires.

Classes à effectifs réduits et encadrement renforcé : grâce à la Cité éducative, les jeunes Hérouvillais des écoles du réseau d'éducation prioritaire disposent de conditions d'apprentissage idéales dès le plus jeune âge. Si le périmètre d'intervention de la Cité éducative concerne les écoles du réseau d'éducation prioritaire, le service éducation de la Ville d'Hérouville a tenu à étendre, sur ses financements, cette mesure à l'ensemble des écoles de la Ville.

ALLER PLUS LOIN
REPORTAGES & TEMOIGNAGES EN LIGNE

Cité éducative d'Hérouville :
ateliers éducation positive

ÉCOLE POPPA-DE-VALOIS : LE PREMIER PÔLE ÉDUCATIF DE « BASSE-NORMANDIE »

Que faire des locaux du groupe scolaire Malfilâtre, datant des années 1960, devenus complètement inadaptés ? La question s'est posée lors du grand projet de rénovation urbaine (GPV : 2002-2012) dont la préoccupation prioritaire était l'éducation et les jeunes.

Détruire ou réhabiliter ?

C'est la seconde option qui a été retenue par la Ville et par les architectes Lipa & Serge Goldstein qui ont mené une réflexion globale sur les équipements éducatifs. Une option "intelligente", innovante là encore.

Le projet a permis de réunir une crèche collective, « le jardin de Rollon », une école élémentaire et maternelle Poppa-de-Valois, une cuisine centrale capable de produire jusqu'à 2 000 repas par jour et des locaux destinés aux activités périscolaires.

Ainsi est née en 2012 l'école Poppa-de-Valois (qui porte le nom de l'épouse de Rollon, duchesse de Normandie) dans l'ancienne école Malfilâtre. Elle a ouvert ses portes en septembre 2012 pour la rentrée scolaire.

Une réhabilitation particulièrement réussie qui nécessita de retourner l'entrée de l'école. C'est ainsi que l'école n'ouvre plus sur le cœur de quartier mais entre le Grand-Parc et la Haute-Folie, les reliant entre eux.

Les différents bâtiments sont desservis par un hall commun de part et d'autre d'un patio. Celui-ci possède une façade totalement vitrée qui offre la lumière à l'ensemble. Un éclairage naturel souhaité par les architectes qui ont eu recours à des verrières protégées de brise-soleil et de lanterneaux de toitures.

Le pôle éducatif Poppa-de-Valoisé est né en 2012 d'une opération de construction-réhabilitation de l'ancien groupe scolaire Malfilâtre, mené dans le cadre du programme de rénovation urbaine.

L'ORCHESTRE À L'ÉCOLE : POUR DONNER ACCÈS À LA PRATIQUE MUSICALE POUR TOUS

C'est en 2018 que la Ville d'Hérouville Saint-Clair a lancé à l'école Simone-Veil le dispositif Orchestre à l'école avec son conservatoire de musique.

Il permet à des élèves issus de quartiers populaires d'avoir accès à la pratique musicale en toute gratuité, sur un principe d'égalité pour tous. Celle-ci ne viendrait pas forcément à eux, alors l'Orchestre à l'école va vers eux. Ces élèves de CE2, CM1 et CM2 bénéficient en effet de deux heures de cours par semaine au conservatoire de musique.

Chacun a choisi son instrument parmi ceux acquis par la Ville (trombones, cornets à pistons, cors, tubas, percussions). Sur le temps scolaire, les enfants de ces différentes classes se familiarisent avec leur instrument dans le cadre d'ateliers dispensés par les professeurs de musique du conservatoire de la Ville. Pour certains, l'apprentissage se poursuit en dehors des cours, dans leur famille.

La Ville a souhaité rendre compte des effets de ce dispositif. Comment les enfants ressentent-ils l'arrivée de la musique dans leur vie ? Que leur apporte-t-elle ? Quels en sont les bienfaits ? La musique peut-elle devenir un vecteur d'émancipation et de réalisation de soi ? Pendant toute une année scolaire (2019-2020), des caméras ont suivi le déroulement de cette opération pour tenter de décrypter ce qui se joue à travers ce dispositif.

Un documentaire de cinquante-deux minutes a été réalisé par David Desramé : *Les bonnes notes*. En immersion, à hauteur d'enfants, ce documentaire propose de suivre patiemment ce pari original et captivant.

Céline Dutot, directrice de l'école Simone-Veil, relate dans ce documentaire : « *L'idée du projet d'Orchestre à l'école est apparue il y a quelques années suite à des spectacles montés en collaboration avec des professeurs de l'orchestre. On avait perçu tous les effets bénéfiques sur nos élèves au niveau de l'estime de soi, de la concentration, de l'écoute et du respect de l'autre, de l'épanouissement culturel, de la motivation en classe ; une pratique instrumentale pouvait les aider à s'enrichir et à améliorer leurs performances scolaires.* » Vincent Requeut, directeur musical de l'Orchestre à l'école, professeur au conservatoire, conclut : « *Démarrer de rien... découverte de l'instrument et au bout de quelques années, de voir où les élèves en sont arrivés aussi bien sur le plan musical que sur le plan de la concentration, de l'investissement, c'est quelque chose d'extraordinaire.* »

En trois ans, les élèves acquièrent un niveau de milieu de premier cycle pour pouvoir à terme, s'ils le souhaitent, intégrer le conservatoire en cursus d'enseignement spécialisé classique.

ALLER PLUS LOIN
REPORTAGES & TEMOIGNAGES EN LIGNE

Orchestre à l'école d'Hérouville :
court métrage *Les bonnes notes* par David Desramé

"LE LABEL CITÉ ÉDUCATIVE, ÇA MARCHE !"

SYLVAIN PARDO
PRINCIPAL DU COLLÈGE VARIGNON

Entretien réalisé en juillet 2022

Le témoignage de Sylvain Pardo, pilote et chef de file pour l'Éducation nationale de la Cité éducative d'Hérouville Saint-Clair.

Nommé en 2019 principal du collège Varignon, Sylvain Pardo a participé au comité de pilotage du label « Cité éducative » à Hérouville Saint-Clair avant de se voir confier en 2022 une nouvelle mission en Allemagne.

Le label « Cité éducative » est un label donné par l'État. À l'origine, ce label fut octroyé seulement à quatre villes en Normandie : Hérouville Saint-Clair dans le Calvados, Le Havre, Rouen et Saint-Étienne-du-Rouvray en Seine-Maritime. Son comité de pilotage comprend la Ville, les services de l'Éducation nationale et ceux de la préfecture.

Hérouville a ainsi, une nouvelle fois, fait preuve d'innovation. « *La Ville a été visionnaire* », se souvient Sylvain Pardo. « *Il faut dire que le terreau était là car tous les ingrédients d'une Cité éducative étaient réunis. Le dispositif a consisté à mettre tout cela en forme* », ajoute l'ancien proviseur de Varignon. En effet, la Cité éducative complète le programme de réussite éducative mis en place à Hérouville depuis 2005. Il s'agit bien d'un travail de fond qui s'inscrit dans les projets prioritaires éducatifs de la Ville.

Du sur-mesure pour chaque enfant

« *Le label Cité éducative met en lien une famille, un enfant et un adulte référent pour accompagner, driver, coacher, rassurer, aiguiller un jeune.* » Et ce dès l'âge de 3 ans jusqu'à 25 ans, dans et hors cadre scolaire. Une cellule de veille est chargée de repérer les enfants susceptibles d'entrer dans ce dispositif. Dès lors, l'enfant et sa famille sont contactés et il leur est proposé un contrat, chacun s'engageant dans le processus qui s'étale sur une année et se prolonge l'année suivante. Et ce en lien avec le PRE (programme de réussite éducative) car il s'agit d'éviter à tout prix ce que Sylvain Pardo nomme le

« *millefeuille* ». Globalement, ce label comporte trois volets : orientation, motivation, transition d'une classe à l'autre. Le champ d'intervention de ce label est large puisqu'il peut s'agir aussi bien d'une sortie culturelle, sportive, que de la découverte d'un lieu, en passant par le soutien scolaire, l'accompagnement à la parentalité, etc. Mais ce, toujours en s'adaptant à l'enfant. D'où cette idée de sur-mesure.

Le rôle du parrain

Chaque enfant a un référent, baptisé « *parrain* ». Ce peut être un retraité, un chef d'entreprise, ou toute personne qui souhaite s'investir dans cette mission, laquelle consiste à booster, conseiller le jeune dans son orientation, l'aider à s'épanouir, faire du soutien scolaire.

Sylvain Pardo constate moins de décrochages, une transition plus sereine entre le CM2 et la 6e mais aussi entre la 3e et l'entrée au lycée pour les élèves concernés.

L'ancien ministre Jean-Louis Borloo, l'ancienne spationaute Claudie Haigneré, ont accepté d'être les parrain et marraine de la Cité éducative hérouvillaise.

À la fois scientifique, première femme française à avoir été dans l'espace et ancienne ministre, Claudie Haigneré est marraine de la Cité éducative d'Hérouville. Le 17 septembre 2018, elle était venue dévoiler la nouvelle signalétique de l'ex-école du Bois, entièrement rénovée après un incendie en 2014, qui porte désormais son nom.

ALLER PLUS LOIN
REPORTAGES & TEMOIGNAGES EN LIGNE

Inauguration école
Claudie HAIGNERÉ 17 septembre 2018

VILLE ENGAGÉE

QUAND LE TERRAIN EST FERTILE, IL FÉCONDE DES RÊVES QUI PEUVENT DEVENIR DES RÉALITÉS

Alors que la première pierre de la ville nouvelle est posée le 20 novembre 1963, en présence du maire André Vermeulen, le préfet déclare : « *Ville nouvelle, Hérouville ne sera pas une cité sans âme et, si je l'affirme de la sorte, c'est que j'ai des raisons solides de le penser...* »

Les Hérouvillais révèlent déjà leur immense capacité à s'organiser collectivement pour résoudre les différents problèmes au quotidien (circulation, transport, urbanisme, loisirs et sport, culture). C'est ainsi qu'Hérouville Saint-Clair voit rapidement germer de nombreuses associations. L'association du quartier des Belles-Portes est créée dès 1968 alors que la ville nouvelle n'a que cinq ans et moins de 10 000 habitants. L'année suivante, ce sont les associations de quartier du Grand-Parc et de la Grande-Delle qui lui succèdent. S'ensuivra un foisonnement d'initiatives associatives et culturelles qui ne se tarira pas au fil des années. De décennie en décennie, la richesse créatrice des Hérouvillais ne se dément pas.

"La culture sous toutes ses formes et le sport dans toutes ses disciplines sont pour moi essentiels."

HÉROUVILLE SAINT-CLAIR, UNE VILLE ROCK

De l'effervescence rock des années 1970-1980 avec la MJC jusqu'au festival Beauregard, en passant par les radios libres telle radio UHT) ou la création du Big Band Café, salle de concert labellisée SMAC, la musique rock a toujours fait partie de l'ADN de la ville nouvelle.

Dès le début des années 1960, Hérouville Saint-Clair a rapidement vu naître de nombreuses associations dont la MJC (Maison des jeunes et de la culture) - Maison pour tous qui fête également en 2023 ses 60 années d'existence. Au départ, il s'agit d'activités sportives, mais très rapidement, la MJC s'ouvre à des activités de loisirs et culturelles, avec en particulier l'accueil de groupes de musique en répétition et l'organisation de concerts. À la fin des années 1970 et au début des années 1980, c'est plus d'une cinquantaine de jeunes Hérouvillais qui s'adonnent à leur passion pour le rock. Cette appétence pour la musique rock n'est pas le fruit du hasard. Ce phénomène à Hérouville est alors largement influencé par les goûts des animateurs de la MJC ou du Mille-Club. Il bénéficie d'un fort soutien des collectivités locales ainsi que du ministère de la Culture ; une belle audace pour soutenir cette effervescence des groupes rock dans une ville en pleine urbanisation. Organisateur des premiers concerts à la MJC, Claude Buot est un témoin privilégié de cette mouvance.

Actuel, *le mensuel « branché et agitateur d'idées » des années 1970-1980, s'est intéressé à la scène rock caennaise et hérouvillaise, comme en témoigne cette photo du magazine qui réunissait tous les groupes normands de l'époque. On peut y reconnaître le futur maire d'Hérouville, Rodolphe Thomas (au premier plan, 8*^{e} *en partant de la gauche).*

CLAUDE BUOT

DIRECTEUR RADIO 666, HÉROUVILLAIS DEPUIS PLUS DE CINQUANTE ANS

Entretien réalisé en avril 2023

Claude Buot est arrivé à Hérouville Saint-Clair tout môme, il y a plus de cinquante ans. Ce passionné de rock a été successivement directeur adjoint de la MJC, fondateur d'une radio libre avec quelques copains avant de diriger l'Association restauration et spectacles La Fonderie où il aura l'idée de créer un café musique. Il lui donnera le nom de Big Band Café. Témoignage d'un acteur incontournable d'Hérouville.

« *Il n'y avait aucun autre équipement public que la MJC dans les années 1970. Très vite, on m'a demandé de passer les films pour les Ciné jeunesse, le mercredi après-midi, car j'avais quelques connaissances techniques. J'étais curieux de tout et surtout, j'avais le goût du rock transmis par mes frères qui en écoutaient beaucoup* », se souvient Claude Buot. Devenu adjoint au directeur de la MJC, il y programme beaucoup de jeunes groupes rock d'Hérouville et de l'agglomération caennaise. Pour ces groupes, c'était important de bénéficier de salles de répétition.

« *Pour qu'ils se fassent connaître, nous les programmions en première partie de "locomotives" à l'instar des Alligators avant le concert de Bernard Lavilliers à l'église Saint-François en 1978.* »

Ce « rocker » dans l'âme organisera également des concerts avec des pointures de l'époque comme Dr. Feelgood, Bijou ou Téléphone.

« *Tout cela a galvanisé beaucoup de jeunes pour faire de la musique et des concerts. Pour les groupes rock de la région, il fallait "passer à Hérouville pour avoir ses lettres de noblesse* », se réjouit encore Claude Buot qui confie : « *Nous nous occupions de leur communication en créant des affichettes que je composais avec les moyens du bord ou avec certains musiciens qui dessinaient comme Alain Chennevière (leader des Alligators à l'époque, qui fondera ensuite le groupe Pow Wow lequel sera n°1 du Top 50). Avec l'avènement des radios libres au début des années 1980, nous avions une opportunité formidable pour faire connaître nos groupes et la musique.* »

C'est ainsi que Claude Buot crée avec quelques jeunes, la Radio pour tous, devenue par la suite 99 FM puis Radio 666 qui prendra son indépendance en août 1992. En même temps se sont créées les radio TSF 98 et UHT qui s'est imposée comme la radio rock locale pendant trois ans avant de revendre sa fréquence à NRJ en 1985.

« *À cette époque, on remplissait les salles par les ondes !* »

Et le Big Band Café voit le jour

Pour des raisons de nuisances sonores, la recherche d'un autre lieu plus excentré s'imposa. Ce sera à l'espace Charlat, l'ancienne usine de fabrication de munitions à l'abandon, rachetée par la mairie et rebaptisée La Fonderie.

La Ville décide alors de confier à Claude Buot la direction de l'Association restauration et spectacles La Fonderie. Il propose alors la création d'un café musique sur le site. Nourri par ses voyages à New York et ses clubs de jazz, il nomme ce lieu Big Band Café.

Le BBC a ainsi vu le jour en 1993 pour devenir un lieu totalement consacré à la musique à partir de 1996. C'est en 1999 que l'actuel directeur, Paul Langeois, prend ses fonctions. Quelques années plus tard, le BBC passe d'une capacité de 150 à 600 places debout. En octobre 2004, le « nouveau » BBC est inauguré par Alain Bashung et obtient en 2005 le label SMAC (salle de musiques actuelles), toujours renouvelé depuis.

Hérouville a toujours pris des risques

« *À Hérouville, nous avons toujours pris des risques pour la diffusion musicale, c'était plutôt novateur sur l'agglomération caennaise.* »

Après le lancement du BBC et son départ en 1993, le passionné de musique se recentre sur le développement et la pérennité de 666. « *Notre radio est toujours restée fidèle à son maître-mot : l'indépendance dans tous les sens du terme. Avec Philippe Gomont, responsable d'antenne, Dominique Marie, programmateur depuis 1984 et ancien manager du groupe Johnny Hess (dont le batteur était le jeune Rodolphe Thomas), et tous nos bénévoles, notre radio a ouvert son antenne à tous les styles des musiques actuelles. Nous demandons juste à nos bénévoles de défendre la musique qu'ils passent. Depuis novembre 2022, nos auditeurs peuvent également nous écouter sur le DAB+ (Digital Audio Broadcasting), ou en radiodiffusion numérique en français. Ce système standardisé est exploité sur plusieurs continents.* »

« Mes souliers sont rouges » au Big Band Café en 1994.

Une évolution nécessaire pour élargir son audience qui nécessita beaucoup de travail et d'investissements.
La création d'une radio en langue anglaise est le dernier projet que l'Hérouvillais a mené en équipe et qui s'inscrit dans cette dynamique. Il s'agit de WRNC (World Radio Normandy Caen), diffusé depuis novembre dernier vingt-quatre heures sur vingt-quatre.
« *Nous produisons jusqu'à quatre heures d'émissions locales par jour, préparées par des locuteurs anglais natifs ou des personnes d'origine francophone. Aujourd'hui, je me rends compte que l'esprit rock, qui continue de nous animer, nous a permis de surmonter bien des obstacles* », précise Claude Buot, qui constate : « *À Hérouville Saint-Clair, les radios associatives ont bien résisté au point d'en générer une nouvelle. Une preuve supplémentaire que cette ville ne cesse de fédérer des énergies et des compétences. Pas surprenant avec un tel héritage musical de voir Hérouville Saint-Clair réussir à organiser le premier grand festival musical d'été dans l'agglomération caennaise. Il y avait une grande attente du public pour un tel événement, comme en témoigne le vif succès connu par le festival Beauregard dès sa première édition.* »

ALLER PLUS LOIN
HISTORIQUE RADIO 666

Entretien réalisé le 17 mars 2023

Un cadre exceptionnel, un trio expérimenté et complémentaire, un maire audacieux... C'est grâce à ce triptyque que le festival Beauregard a vu le jour en 2009. Quinze ans plus tard, il figure dans le top 10 des festivals de musiques actuelles en France. En 2023, Beauregard s'est joué à guichets fermés pour la première fois : cinq jours complets pour atteindre la barre des 150 000 festivaliers. Quelle a été la genèse de l'événement ? Comment comprendre son succès auprès de toutes les générations ? Réponses avec Paul Langeois et Claire Lesaulnier, les deux codirecteurs actuels du festival.

« *Nous sommes en mai 2008 à Beauregard. En tant que directeur du BBC, j'organise, à la demande de la Ville, un concert avec Michel Delpech pour le 30e anniversaire de la fête des communautés. Trois à quatre mille personnes sont là, face au château. Et j'ai un déclic : pourquoi pas un festival ?* », rembobine Paul Langeois, programmateur de métier, qui développe cette idée avec sa compagne, Claire Lesaulnier, régisseuse générale, et Patrick Simon, de l'agence de communication Kafé Crème à Hérouville.

« Banco ! »

C'est ce que leur a répondu le maire, Rodolphe Thomas, qu'ils sont allés voir fin 2008... « *sur un coup de bluff* », avoue Paul Langeois. « *Je me souviendrai toujours de cette réponse du maire qui nous a fait confiance.* » Les producteurs et tourneurs aussi. Dans les mois qui suivent, la première programmation est annoncée. L'engouement est immédiat. « *Nous n'avions pas mesuré l'effet médiatique* », reconnaît Claire Lesaulnier.

Dès lors, impossible de reculer. La Ville et ses services s'engagent à 100 % au côté de l'équipe du BBC qui se serre les coudes. Six mois de folie s'enchaînent pour relever le défi. « *On a visé haut dès le départ. Il fallait apporter du jamais vu, ne pas reproduire la programmation du Zénith* », explique Claire Lesaulnier. Là où d'autres tentatives de festival dans l'agglomération ont échoué, Beauregard parvient à attirer des entreprises partenaires et des bénévoles.

20 000 personnes pour la première édition

C'est ainsi qu'en juillet 2009, le premier festival Beauregard est lancé avec une programmation haut de gamme. Pete Doherty, Gossip, Charlie Winston, Arthur H ou les BB Brunes se partagent la tête d'affiche. Le public est au rendez-vous. En deux jours, cette première édition accueille 20 000 personnes qui ne demandent qu'une chose : « *À quand le prochain ?* ».

Ce succès est porté par une communication efficace, symbolisée par une mystérieuse silhouette noire sur fond jaune : le fameux John. Ce personnage reste intimement lié à l'événement. « *Le public se l'est très vite approprié* », se souvient Claire Lesaulnier. « *Il humanise le festival.* » Tout est donc au beau fixe ou presque car l'événement accuse un déficit de 120 000 euros que la Ville accepte d'éponger à 50 %. L'autre moitié sera en partie financée par la création de l'opération fan : la vente de billets à tarif préférentiel avant l'annonce des premiers noms. Cette bonne idée « *apporte de la trésorerie et permet de payer des acomptes* ».

2014 : Stromae, premier jour à guichets fermés

Beauregard est aujourd'hui un grand ado qui a poussé comme un champignon. Dès ses trois ans, il passe sur trois jours et étend ses scènes sur les deux clairières du domaine. En 2012, un samedi soir de déluge a failli mettre à mal le festival. C'était sans compter sur la mobilisation de tous : les équipes de Beauregard et de la Ville, bien sûr, mais aussi des agriculteurs voisins, des intermittents, des bénévoles. Une péripétie qui sert de leçon aux organisateurs, désormais parés pour y faire face. La vie d'un festival n'est jamais un long fleuve tranquille. L'édition suivante en 2013 sera déficitaire pour diverses raisons et sera sauvée grâce au soutien du Crédit mutuel, partenaire majeur de l'événement. Une nouvelle fois, John se remet en question et décide pour s'équilibrer d'ajouter un quatrième jour. Baptisée le « *Day Before* », cette journée supplémentaire est entièrement consacrée à une star iconique d'envergure. Alors au sommet, le Belge Stromae inaugure le concept et Beauregard vit sa première journée à guichets fermés. Le groupe de métal allemand Scorpions et les Insus (ex-Téléphone) auront aussi les honneurs du *Before.*

Après une année 2017 sur trois jours, Beauregard frappe un grand coup en 2018 avec la venue du groupe Depeche Mode, stars mondiales, pour fêter sa 10e édition. Le festival change alors de dimension en démontrant sa capacité à accueillir des groupes de stades, à l'image de Muse en 2022 ou Indochine en 2023.

Pour que Beauregard reste Beauregard

Au fil des années, Beauregard s'est professionnalisé. Il a su s'ouvrir à une audience plus jeune (16-25 ans) grâce à une programmation plus large et plus urbaine. Reconnu pour la qualité de son cadre, de son accueil, de son public et de son savoir-faire, le festival Beauregard attire les plus grands artistes nationaux et internationaux.

Cette réputation forgée au fil des années lui a permis de résister à deux annulations successives liées à la crise de la Covid-19 pour revenir plus fort que jamais avec deux éditions records en 2022 et 2023. « *Nous avons revécu 2022 comme une première. Nous avons eu de la chance : quatre jours complets, cinq jours de beau temps. Et des gens heureux* », se réjouissent les organisateurs qui en 2023 ont fait encore mieux avec un festival complet quatre mois à l'avance !

Pas question pour autant d'augmenter la jauge des spectateurs qui reste bloquée à 30 000 par jour pour garantir aux festivaliers le confort, atout maître du festival depuis sa création. En quinze ans, Beauregard est passé de 20 000 à 150 000 spectateurs, de deux à cinq jours, de 1 à 10 millions d'euros de budget (basé à plus de 95 % sur des financements privés), de zéro à huit salariés, sans oublier la « Dream Team » de 1 200 bénévoles (pour 400 postes) sans qui rien ne serait possible.

« *Ce n'est pas la course à l'échalote* », lâche Paul Langeois qui, avec Claire Lesaulnier, souhaite que « *Beauregard reste Beauregard* », autrement dit « *le plus cosy des gros festivals de musique* », comme l'a qualifié Télérama.

PATRICK SIMON
CODIRECTEUR DU FESTIVAL BEAUREGARD JUSQU'EN 2014

Entretien réalisé le 2 mai 2022

Une team de dingue !

Rencontre au coin du comptoir, dans l'ancien bar du bourg, Patrick Simon, codirecteur avec Paul Langeois pendant les cinq premières éditions, nous livre quelques souvenirs non sans émotion… « *Notre cerveau est taquin. Les souvenirs sont comme des puzzles, une reconstitution des éléments non retenus…* » Comme pour se prémunir de cet écueil, un album photo personnel est posé sur le zinc.

Patrick défile les images. « *Bien sûr, il y eut ce "allez-y" et je crois un "débrouillez-vous" amical lancé par le maire en conclusion d'une réunion de janvier 2009, sans doute à bout de force de notre détermination avec Paul* », se remémore Patrick.

Et après « *ce fut le grand saut dans le vide, vers l'inconnu. Cinq mois pour monter un festival. Mission impossible ! Ethan Hunt, es-tu là ?* ». Il faut aller vite tout en s'appuyant sur des personnes de confiance à l'instar de Dominique Revert (tourneur de la société Alias). « *Dominique nous a très vite tapé dans la main. Sans son insouciance magique et bienveillante, pas de festival.* »

Et les équipes se constituèrent. « *Ici, autour de ce zinc, beaucoup de réunions enfumées se sont déroulées. On peut parler d'une alchimie rare dans une vie. Paul et ses magnifiques équipes du BBC furent la pierre angulaire de la réussite du festival. Une team de dingue !* »

Patrick prolonge : « *Avec la complicité de Céline (graphiste talentueuse et amie de John) et l'équipe de Kafé Crème* (ndlr : la société de communication de Patrick Simon). »

Il fallait en effet également assurer la communication de l'événement, accueillir John et lui offrir la place qu'il souhaitait. Toujours mystérieux sur « *son* » John, Patrick reste volontairement évasif sur son histoire.

Une dimension collective du festival

« *Toutes les énergies étaient accueillies avec bonheur : les amis, la famille, les fournisseurs. Bref, un beau mélange d'insouciance créative.* » Comme pour valider ses propos, les photos s'alignent sur le comptoir : là, des membres de sa famille qui s'affairent au bar à vin ou s'occupent des runs ; ici, des salariés du BBC sur tous les fronts ; là encore des copains au ménage, d'autres qui s'occupent des banques, ou encore de la signalétique ; un peu plus loin des salariés de la Ville mobilisés, mais aussi des entreprises partenaires généreuses et impliquées et bien sûr toutes les photos de bénévoles.

« *Incroyable. "Diiiingue" ! Tous la banane ! Sans bénévoles, il n'y a pas d'artistes sur scène. Ça semble une évidence, mais c'est aujourd'hui une occasion de faire une bise amicale à tous les anciens et les nouveaux* », souffle Patrick.

Mission accomplie

Après cinq années de bénévolat, Patrick a quitté de plein gré la codirection du festival en 2014 avec le sentiment d'une mission accomplie. « *On avait espéré une vitrine nationale à la ville d'Hérouville. Je crois qu'Ethan Hunt a réussi sa mission. Surtout au regard de ces dernières années. C'est incroyable.* »

Un souhait, peut-être ? Le visage de Patrick s'illumine d'un grand sourire en guise de réponse.

HÉROUVILLE SAINT-CLAIR, UNE CULTURE COMMUNE

Alors que le projet d'habitat de la ville nouvelle est bien construit et que certains quartiers émergent avec l'arrivée de nombreux habitants d'origines diverses, il apparaît nécessaire de construire une histoire commune et de trouver une identité forte partagée par le plus grand nombre.

À la fin des années 1960 et au cours des années 1970, Hérouville Saint-Clair accueille beaucoup d'immigrés recrutés et employés comme ouvriers dans les grandes usines du Calvados telles que la Saviem (Société anonyme de véhicules industriels et d'équipements mécaniques) et la SMN (Société métallurgique de Normandie). L'accès au logement est facilité par les nombreuses constructions. Forte de cette diversité mais aussi soucieuse de faire vivre ensemble toutes ces communautés, la municipalité a rapidement l'intuition qu'il faut soutenir et/ou créer des événements culturels et associatifs fédérateurs.

La Fête des communautés

Une spécificité hérouvillaise : Hérouville Saint-Clair accueille le pourcentage d'étrangers le plus important de l'ex-Basse-Normandie, soit 7 % de la population. C'est une véritable richesse pour cette ville qui accueille au total 80 nationalités. Pour veiller à l'intégration des multiples communautés, la municipalité choisit de les associer à la vie culturelle et associative. À cet effet, une commission extra-municipale immigrée avait été créée en 1978 pour réunir une fois par mois les représentants des dix communautés les plus importantes de la ville. La Fête des communautés a été créée sous l'impulsion de Marie-Thérèse Verly, assistante sociale pour aider les étrangers à s'installer à Hérouville Saint-Clair, qui mobilisa facilement les bonnes volontés, principalement des associations, pour l'organisation de cet événement. Le projet est né du désir des communautés hérouvillaises de faire découvrir leurs cultures dans une ambiance festive propice aux échanges et aux débats.

La première édition fut un véritable succès, auprès des communautés elles-mêmes dans un premier temps, pour toucher très rapidement l'ensemble des Hérouvillais. Elle demeure un rendez-vous fédérateur à l'échelle départementale, en rassemblant une grande partie de ces nationalités venues des cinq continents pour un grand moment d'échange et de convivialité. Spectacles, conférences, découvertes culinaires, animations, rythment cette journée du mois de mai au domaine de Beauregard. Une initiative qui reste innovante et symbolise encore l'unité de toutes les cultures à Hérouville.

Le carnaval, un défilé intergénérationnel

Son existence remonte aux années 1980 et même un petit peu avant. En effet, c'est en 1978 qu'a vu le jour le premier carnaval d'Hérouville. Un carnaval intergénérationnel. Jeunes, adultes, seniors se retrouvent autour d'un nouveau thème chaque année au mois de mars. Organisé par la Ville, cet événement reçoit depuis 2019 le soutien d'un collectif d'artistes qui fait vivre des ateliers toute l'année.

Dès les années 1970, de nombreuses associations se créent à Hérouville qui en attire également d'autres, venues de l'agglomération caennaise. Ce foisonnement associatif répond à des besoins, exprimés par les habitants dans différents domaines (solidarité, culture, sports, loisirs, etc.). Hérouville ne cesse de se distinguer par cette effervescence associative de laquelle ont émergé des talents artistiques et sportifs mais aussi des événements audacieux ou plus simplement des moments de rencontres, d'échanges et de convivialité. À l'heure où chaque commune organise, la rentrée venue, son forum ou sa fête des associations, Hérouville Saint-Clair fait figure de précurseur également dans ce domaine. Cette manifestation hérouvillaise a pris racine en effet en 1978 avec la création de la « *Fête au Bois* » ; tout simplement parce qu'elle avait lieu dans le quartier du Bois. Elle devient par la suite la Fête des associations, désormais surnommée « la Fête des associations et des bénévoles ». Elle réunit en effet plus de 300 bénévoles et regroupe 80 associations.

1 300 ASSOCIATIONS CRÉÉES EN 60 ANS

Les associations contribuent au maintien et au renforcement du lien social dans la ville. Depuis 1963, la démographie associative est dense à Hérouville Saint-Clair. En six décennies, près de 1300 associations – dont plus de 500 encore actives à ce jour – ont été créées dans tous les secteurs avec des habitants engagés. Elles ont pu trouver à Hérouville les ressources permettant à leurs projets associatifs d'émerger.

Les besoins d'accompagnement des associations étant souvent identiques, la Ville crée une Maison des associations, qui demeure l'une des plus importantes de France avec 2 837 mètres carrés sur trois étages. Inaugurée en octobre 1997, elle est déjà très innovante à l'époque.

Installée dans les anciens locaux de l'ancien collège-lycée expérimental (CLE) qui abritait à l'origine le foyer des jeunes travailleurs, cette structure est une véritable « *maison* » pour les associations hérouvillaises, mais aussi caennaises, voire régionales. Elles trouvent pour certaines la possibilité de se domicilier et de bénéficier d'une boîte postale. Parallèlement, les associations hébergées bénéficient de services partagés (photocopies, salles de réunion, bureaux, etc.). La Maison des associations, rénovée en 2019, est gérée par l'association S3A (Structure associative d'aide aux associations). Elle compte environ 150 adhérents. Elle accueille une soixantaine d'associations et reçoit près de 200 animateurs de la vie associative chaque semaine.

Pour avoir une meilleure connaissance de la vie associative en général et de la réalité du tissu associatif local en particulier, pour pouvoir suivre son évolution, mieux prendre en considération son dynamisme, connaître ses besoins, essayer de répondre à ses attentes, l'association S3A, avec le soutien de la Ville d'Hérouville Saint-Clair et du réseau national des Maisons des associations, crée en 2007 un observatoire local de la vie associative.

Celui-ci fait partie d'une première génération « *pionnière* » en France avec sept autres territoires dont Lille, Tourcoing, Roubaix, Amiens, Cognac, Marseille. L'un des objectifs de cet outil d'observation est donc la mise en réseau pour échanger, comprendre, mieux appréhender les évolutions et changements au sein du mouvement associatif local à travers différentes facettes : démographie, domaines d'activité et objectifs, acteurs, moyens, pratiques et modes d'organisation.

Cet observatoire est destiné à tous ceux qui, à des titres divers, sont en relation avec le secteur associatif local.

Datant de 1967, le bâtiment abritant la Maison des associations a bénéficié en 2019 d'une rénovation extérieure esthétique qui permet surtout de diminuer la facture énergétique du bâtiment de plus de 70 %.

FOCUS SUR DES INITIATIVES ASSOCIATIVES

De l'école de musique du Bois au conservatoire de musique et de théâtre (à rayonnement communal), là encore, c'est une association qui prend l'initiative de créer un enseignement musical pour donner au plus grand la chance de s'exprimer par le biais d'une pratique artistique.

Au début des années 1970, nombreux sont ceux qui déplorent l'absence d'école de musique, comme le révèle une enquête réalisée au printemps 1973 par le biais des écoles. En effet, 250 familles se disent d'emblée intéressées par la création d'une école de musique, et cela ne cesse de croître. Dès le mois de juin, l'association hérouvillaise de parents d'élèves et amis de la musique se constitue avec un double objectif : promouvoir l'éducation musicale à Hérouville et obtenir la création d'une école municipale de musique. Une subvention est allouée par la municipalité pour accompagner cette initiative et permettre pour l'année 1973-1974 le démarrage des cours de solfège et des cours d'instruments (piano, guitare et clarinette) selon la demande des familles. Après 1976, l'enseignement musical à Hérouville se structure dans une école de musique municipale. Très à la pointe, c'est une des premières à mettre en place des actions musicales en milieu scolaire avec des professeurs intervenants dans l'esprit participatif des modèles éducatifs de l'époque. Les enfants sont initiés à maîtriser leur environnement sonore avec l'achat de matériels expérimentaux comme les structures Baschet et le matériel ORFF où la pratique sensorielle est mise en avant. C'est une période de recherche pour l'établissement dirigé par Serge Bourdon qui intègre dans ces années un studio de musique électroacoustique où plusieurs compositeurs seront en résidence et une valeur d'une licence universitaire « arts du spectacle » aura lieu à l'école de musique menée par le GRM de Lyon.

À la fin des années 1980, l'école de musique prend la dénomination de « Maison de la musique » dans l'esprit d'ouverture des Maisons de la culture. Les esthétiques et les styles abordés sont très larges dans une France des années « Jack Lang ». C'est l'époque où la Maison de la musique devient un véritable centre de ressources musical hérouvillais en accueillant nombre d'associations musicales communautaires, le CARM (musiques du monde) et le Caen Jazz Action. « *Trente ans après, le Conservatoire labellisé garde les traces et l'esprit de ce cheminement avec près de 600 élèves, 8 orchestres, 1 800 mètres carrés. La volonté de rester accessible au plus grand nombre est toujours là avec une fidélité à son histoire* », assure Norbert Genvrin, directeur du conservatoire de musique et théâtre.

Le conservatoire de musique et théâtre est installé depuis la rentrée 2016 aux espaces André-Malraux. En 2022, le conservatoire de musique a renouvelé son label. Il est devenu conservatoire de musique et de théâtre avec l'ouverture de quatre classes pratiques. En parallèle, une classe théâtre à horaires aménagés (CHAT) au collège Varignon est créée dès la classe de 6e. Pour la Ville, la création de cette classe permet une ouverture culturelle des jeunes Hérouvillais, favorise l'apprentissage scolaire et devient un réel facteur d'émancipation. Concernant le bâtiment, il est le fruit d'une reconversion réussie de l'ancien lycée hôtelier Rabelais, fermé en 2006 par la Région. Il accueille également le Conservatoire national des arts et métiers de Normandie et le pôle régional de l'Économie sociale et solidaire. Les architectes se sont concentrés sur la réhabilitation intérieure, en conservant l'aspect extérieur du bâtiment. Seule la tour ascenseur rouge a été accolée à l'ensemble. Un unique élément esthétique et pratique qui offre un signal identitaire fort, en guise de clin d'œil au bâtiment voisin rouge de Jean Nouvel.

ESPACES ANDRÉ MALRAUX

UN SPORTIF HÉROUVILLAIS QUI A LA FLAMME

Un Hérouvillais déterminé

Tous les jours de l'année ou presque, Privel Hinkati se réveille à 5 heures du matin pour ramer sur le canal de Caen à la mer. Ramer seul pour s'entraîner. Inlassablement. Tout cela avant d'aller au bureau. Ramer pour aller au bout de ses rêves : obtenir un nouveau sésame pour les Jeux olympiques, cette fois ceux de Paris, et qui sait faire mieux encore qu'à Tokyo, en 2021 (classé 27e sur 32).

Et tous ces sacrifices sont consentis pour la beauté du sport. Cet amour du sport, Privel l'a cultivé à Hérouville, « *une ville qui a toujours eu la culture du sport* », assure l'informaticien de profession qui est toujours très soutenu par les Hérouvillais, mais aussi par la Ville et les entreprises au travers du dispositif Hérouville Sports Partenaires. Bref, c'est toute une ville qui est fière de son parcours hors normes, qui force l'admiration et le respect.

Le premier rameur béninois

À Hérouville, Privel, c'est l'enfant du pays. Issu d'une famille d'origine béninoise, ce grand sportif a toujours habité au Grand-Parc et a pratiqué plusieurs disciplines dans les clubs de sa ville (football, taekwondo, athlétisme). Mais à l'adolescence, c'est l'aviron qui a pris le dessus sur le reste. Le seul frein à cette passion dévorante, à vrai dire, c'étaient ses parents pour qui « *l'école comptait avant tout* ».

Privel a donc dû réduire le nombre d'entraînements d'aviron et, malgré des podiums nationaux, il ne parviendra pas à entrer en équipe de France. Mais il obtiendra son bac puis sa licence d'informatique. Ses diplômes en poche, il reprendra l'entraînement avec une volonté décuplée, notamment à Washington aux États-Unis, où il a obtenu un contrat à l'ambassade. Une ville justement réputée pour son prestigieux centre d'entraînement d'aviron sur la rivière Potomac.

Déterminé dans sa pratique sportive, Privel l'est aussi dans sa vie. Et sa fascination pour les Jeux olympiques ne date pas d'hier. Dans sa jeunesse, il a ainsi réussi à participer en tant que spectateur, avec sa sœur à plusieurs Jeux olympiques (Athènes en 2004, Pékin en 2008 et Londres en 2012) grâce notamment au soutien de la Ville d'Hérouville qui avait accompagné ces jeunes dans leur projet.

« *Ce qui m'a toujours marqué dans cet événement sportif, c'est l'ambiance à part. Après trois JO en tant que spectateur, j'ai dit à ma sœur que je voulais passer de l'autre côté, découvrir les Jeux en tant qu'athlète.* »

À défaut de parvenir à représenter la France, grand pays d'aviron, le jeune Hérouvillais décide de profiter de sa double nationalité pour concourir sous les couleurs du Bénin, son pays d'origine. Les minima qualificatifs africains pour les JO ont l'avantage d'être plus accessibles et la concurrence nettement moins relevée qu'en France puisque l'aviron n'était pas du tout pratiqué au Bénin.

Partir de zéro ou presque ne l'a pas découragé. En 2013, il crée en un an seulement une fédération d'aviron au Bénin. « *C'était plus qu'un projet sportif* », souligne le rameur. « *Aujourd'hui la fédération compte 140 licenciés.* » Privel disputera sa première compétition pour le Bénin en 2014, puis décrochera trois ans plus tard une médaille de bronze aux Championnats d'Afrique.

Les JO dans la peau

Privé des Jeux de Rio après un incident de course en qualifications, l'Hérouvillais démontrera une fois de plus sa détermination. Il restera à jamais le premier avironneur béninois à se qualifier pour les Jeux olympiques à Tokyo en 2021. Décalés d'un an suite à la crise de la Covid-19, ces JO se sont déroulés sans spectateur.

Une formidable expérience malgré tout, d'autant qu'il fut désigné porte-drapeau du Bénin lors de la cérémonie d'ouverture. Aujourd'hui, Privel a 35 ans. Il pourrait ranger ses pagaies et délaisser le canal de Caen. Cesser de gérer seul la recherche de partenaires, la logistique de ses déplacements lors des championnats, du transport de son bateau à son intendance, etc.

Mais il a resigné pour trois à quatre d'heures d'entraînement quotidien en plus de son travail. Six jours sur sept.

Avec détermination et en ligne de mire, une nouvelle qualification pour des Jeux olympiques, ceux de 2024, qui plus est à la maison en France et en public cette fois-ci.

ALLER PLUS LOIN

REPORTAGES & TEMOIGNAGES EN LIGNE

PRINCE ONIANGUÉ
UN FOOTBALLEUR MODÈLE QUI A GRANDI À HÉROUVILLE

Parce que Paris était moins calme qu'Hérouville où habitaient déjà ses cousins, la famille de Prince Oniangué a quitté la capitale où il était né pour rejoindre le quartier du Grand-Parc dans les années 90. C'est ainsi que, débarqué à Hérouville alors qu'il avait 5 ans, le garçonnet s'est tout naturellement mis à jouer au foot à la récré. À l'école La Varende puis au collège Saint-Michel.

Et quand il ne jouait pas au foot à l'école, c'est au bas de son immeuble que Prince Oniangué retrouvait ses copains d'enfance, parmi lesquels Youssef El-Arabi, Jérémy Sorbon ou Yrondu Musavu-King qui feront comme lui une belle carrière de joueur de foot professionnel. Mais en attendant, c'est d'abord au SC Hérouville Foot que Prince Oniangué va débuter avant de rejoindre les clubs de Caen Nord puis du Stade Malherbe ; le SMC le laissera filer à 16 ans au profit de Rennes qui lui proposa un vrai plan de carrière. Lancée à Rennes, sa carrière professionnelle allait ensuite le mener à Angers, Tours, Reims, Wolverhampton (Angleterre), puis Bastia, toujours en Ligue 1.

Mais alors que l'Angleterre et l'Espagne lui proposent un nouveau contrat, c'est au SMC que Prince, alors tout jeune trentenaire, décidera de revenir boucler la boucle et réaliser son rêve de gosse : jouer au stade d'Ornano avec le maillot rouge et bleu. « *Quand le Stade Malherbe m'a appelé, j'ai interrogé mon ami et premier entraîneur de foot, Lamine, pour en discuter. Il m'a dit qu'il était temps pour moi de rentrer à la maison* », confie Prince Oniangué en évoquant l'emblématique éducateur du SC Hérouville Foot, Lamine Mohamadou.

« Un mec en or »

Ce dernier qualifie Prince Oniangué de « *mec en or avec de belles valeurs* », qui n'a jamais oublié Hérouville. Le footballeur a d'ailleurs chaque année envoyé ses maillots pour la traditionnelle tombola organisée au moment du tournoi de futsal du SC hérouvillais.

Alors, quand la Ville d'Hérouville lui a proposé en 2022 et 2023 de devenir son « ambassadeur du sport », Prince Oniangué n'a pas hésité, heureux de promouvoir les valeurs du sport auprès des habitants, « *dans cette ville qui lui a beaucoup donné* » et qu'il a vu se transformer avec, entre autres, la démolition des grandes barres qu'il avait connues. Mais au-delà d'Hérouville, c'est au foot que Prince Oniangué veut « *redonner ce qu'il lui a donné* ».

À la veille de préparer sa transition d'après-carrière, le footballeur, qui a d'ailleurs porté 37 fois le maillot du Congo, son pays d'origine, a décidé en effet d'y ouvrir un orphelinat, ému par les enfants qu'il y a rencontrés. Pour ce faire, Prince a créé avec sa famille l'association Born again to be happy au Congo-Brazzaville. D'ici à 2024-2025, un orphelinat pouvant accueillir 12 garçons et filles devrait y voir le jour.

Avec les membres de sa famille, Prince Oniangué a créé en 2019 l'association Born again to be happy (Renaître pour être heureux) dont l'objectif est de créer un orphelinat au Congo-Brazzaville, son pays d'origine.

L'Hérouvillais Prince Oniangué a attendu la fin de sa carrière pour réaliser son rêve de gosse : jouer pour le Stade Malherbe Caen (entre 2018 et 2022) dont il portera même le brassard de capitaine.

ALLER PLUS LOIN
REPORTAGES & TEMOIGNAGES EN LIGNE

Projet d'orphelinat

"LES RACINES DE LA NORMANDIE SE RACONTENT DE FAÇON INÉDITE À HÉROUVILLE"

CHRISTIAN SÉBIRE
PÈRE FONDATEUR D'ORNAVIK

ALLER PLUS LOIN
PODCAST CHRISTIAN SÉBIRE

Entretien réalisé le 23 janvier 2023

Pari un peu fou lancé en 2009 par deux amis passionnés, le parc historique Ornavik a reçu en 2022 la médaille d'or nationale du tourisme. À l'horizon 2026-2027, il inaugurera le premier centre d'interprétation viking dans le sud de l'Europe. Retour sur l'histoire d'un projet sans équivalent qui donne à voir notre passé avec des outils innovants.

C'est la rencontre avec le maire d'Hérouville, Rodolphe Thomas, qui a permis à Christian Sébire et Christian Heiz de concrétiser en 2009 une idée vieille de vingt-cinq ans. « *J'étais membre de l'office du tourisme de Caen. Avec Christian Heiz, un ami commerçant, j'avais proposé un thème touristique qui change du Débarquement : celui de nos ancêtres les vikings. Mais je n'avais pas été entendu à l'époque* », rappelle Christian Sébire qui voit son projet ressortir des cartons à l'occasion de l'élection de Christian Heiz comme conseiller municipal à Hérouville sur la liste de Rodolphe Thomas en 2008.

« *En évoquant avec le maire le devenir de 10 hectares à Beauregard, disponibles et classés en zone de loisirs, Christian a une idée de génie : en faire un village viking.* » Ornavik qui signifie « *baie de l'Orne* » en vieux norrois, la langue médiévale scandinave, était sur les rails.

Passion et rigueur scientifique

Imaginé sous la forme d'un chantier d'archéologie expérimentale, sur le modèle du château fort de Guédelon en Bourgogne, Ornavik accueille ses premiers visiteurs en 2011 à l'occasion du 11e centenaire de la Normandie. Depuis, le parc n'a cessé de voir sa fréquentation progresser. « *Entre 35 et 50 % de visiteurs en plus chaque année* », calcule Christian Sébire. « *Cela fonctionne parce qu'il y a de l'humain, du bénévolat, des jeunes en service civique. Nous avons des quantités de belles histoires à raconter.* »

L'autre clé du succès réside dans l'importance donnée à la rigueur scientifique. Préalablement validées par un comité scientifique composé d'archéologues et d'historiens, toutes les constructions ou mises en scène visibles sur le parc sont des reconstitutions fidèles des techniques, us et coutumes en vigueur au Xe et XIe siècle. Ornavik a également une vocation de conservatoire des savoir-faire anciens pour « *redécouvrir des métiers d'hier, quels étaient les outils utilisés, comment on s'en servait. Demain, on pourra même y faire des stages de maçonnerie, de charpente, de chaume, etc. Cela a du sens* ».

Un centre d'interprétation innovant

Parmi les sites historiques, Ornavik se démarque par son approche novatrice et immersive unique, combinant archéologie expérimentale et participation active du public. Pour aller encore plus loin en ce sens, le parc s'est engagé, avec l'aide des collectivités locales, dans la création d'un équipement sans équivalent en France : un centre d'interprétation viking. À la différence d'un musée qui présente des collections, cet espace consacré aux vikings aura comme vocation d'offrir aux visiteurs une interprétation claire, éducative et captivante du sujet grâce à une expérience immersive. Il devrait être inauguré pour la saison 2026-2027. « *On va être dans l'expérience tout le temps afin d'apprendre en s'amusant* », promet le fondateur du parc historique qui a opté pour une architecture innovante et respectueuse de l'environnement. « *Ce bâtiment de 850 mètres carrés à haute technologie environnementale reprendra les codes de l'habitat viking : bâtiment encaissé dans le sol pour la géothermie, toiture végétalisée, mur en pisé (terre crue). Ornavik sera probablement le premier parc français en matière de bilan carbone.* »

Totalement innovant, ce centre d'interprétation viendra s'ajouter aux nouvelles réalisations programmées sur le site à partir de 2024 : création d'une motte castrale, d'une tribune de 1 000 places pour les spectacles et d'une maison du *jarl* (chef viking) de 30 mètres de long. Parti de rien en 2009, Ornavik est en passe de devenir le site de référence en France, voire en Europe, pour ce qui concerne l'ère viking et les origines de la Normandie. Cette réussite ouvre de nouvelles perspectives de développement touristique pour la ville d'Hérouville, mais aussi pour Caen la mer, le Département du Calvados et la Région Normandie. Quatre décennies après, l'idée initiale de Christian Sébire est devenue réalité au-delà de ses espérances.

Construit en sous-sol, le projet de centre d'interprétation viking, d'une surface totale de 2 000 mètres carrés, imaginé par le cabinet d'architectes Hemaa, a été pensé pour limiter les impacts visuels et environnementaux.

Avec sa toiture végétalisée et ses murs en pisé, le futur centre d'interprétation viking sera quasiment invisible depuis le parc Ornavik.

LE FESTIVAL BD "DES PLANCHES ET DES VACHES" CULTIVE SA SINGULARITÉ

En l'espace de deux décennies, Des Planches et des Vaches est devenu le plus important événement BD en Normandie. Chaque année, il rassemble une quarantaine d'auteurs et près de 2 500 visiteurs.

Indissociable d'Hérouville Saint-Clair, le festival Des Planches et des Vaches est pourtant né à Bretteville-sur-Laize en 2001, à l'initiative d'une bande de copains. « *Cette commune n'était pas en mesure de nous accueillir chaque année, alors on a cherché ailleurs et la Ville d'Hérouville s'est proposée* », se souvient Éric Le Pape, directeur du festival organisé par l'association Artefact Prod. « *Après une édition 2002 mitigée au théâtre, nous avons déménagé à La Fonderie.* » C'est là que l'inclassable festival a pris son envol. Au fil des années se sont ajoutés les ingrédients qui font son succès : rencontres et performances d'artistes, vente d'ouvrages neufs, d'occasion et de fanzines, dédicaces, animations familiales, expos, tombolas, dans une atmosphère potache et bon enfant. Pointu sans jamais se prendre au sérieux, le festival attire aussi bien les passionnés et collectionneurs que les curieux et les familles. Et chacun y trouve son compte.

Des auteurs chouchoutés

Les auteurs aussi. Ils sont une quarantaine en moyenne chaque année, représentant toutes les tendances de la BD d'aujourd'hui, à venir passer le premier week-end d'avril à Hérouville. Ici plus qu'ailleurs, ils viennent et reviennent pour l'ambiance et l'accueil d'Artefact Prod et de ses fidèles bénévoles.

À commencer par le lauréat du prix du jury (Veau d'or), obligé de présider l'édition suivante. Il doit en plus en dessiner l'affiche et fournir des planches originales pour alimenter la remarquable exposition, mise en scène par l'artiste Musée Khômbol, consacrée à son œuvre. « *Je salue les festivals comme des Planches et des Vaches qui font l'effort de rémunérer les auteurs. Même une petite somme, c'est déjà de la considération* », rendait hommage la dessinatrice et scénariste Marie Jaffredo, Veau d'or en 2022.

En amoureuse de la BD, l'équipe d'Artefact Prod partage sa passion avec le plus grand nombre. Entre deux festivals, les nombreuses actions de médiation culturelle menées à Hérouville et ailleurs (sensibilisation à la lecture, ateliers d'écriture et de dessin dans les quartiers prioritaires, expositions, résidences d'artistes, ateliers, rencontres, etc.), ne leur laissent pas vraiment le temps de buller.

"LE CARRÉ BLEU, UNE AVENTURE EXCEPTIONNELLE"

RAOUF BRAHMIA
CHEF DE PROJET, MAIRIE D'HÉROUVILLE SAINT-CLAIR

ALLER PLUS LOIN
PODCAST RAOUF BRAHMIA

Entretien réalisé le 31 mars 2023

Remarquable, atypique, original, admirable, inattendu, hors normes, tous ces synonymes « d'exceptionnel » siéent au Carré bleu, un dispositif culturel de la Ville particulièrement innovant qui a changé la vie de plusieurs centaines de citoyens hérouvillais. L'artiste, Raouf Brahmia, qui l'a imaginé, nous conte pourquoi, comment, avec qui le Carré bleu prospère.

« *En 2008, le maire d'Hérouville m'a demandé de travailler en lien avec la jeunesse et la culture. J'ai pris le temps pour réfléchir à ce qu'on pouvait faire car je ne suis pas animateur. J'ai commencé par tester des choses au pôle animation et jeunesse jusqu'à ce que je propose en 2013 un concept, le Carré bleu, partant de deux constats qui avaient déjà nourri mes travaux de recherche plastique en tant qu'artiste* », résume Raouf Brahmia. Cet artiste algérien, arrivé à Hérouville à 26 ans, avait en effet présenté, en 1999, une exposition à l'artothèque de Caen où il invitait le visiteur à se balader de chaque côté d'un mur aux 235 petites fenêtres, un recto et un verso, qui symbolisait déjà ses constats.

Réconcilier l'intérieur et l'extérieur

« *Le premier constat, c'est que le jeune des quartiers a du mal à dire "je". Il parle toujours en disant "nous"* ». Le deuxième, c'est que les familles issues de l'immigration vivent à l'intérieur de la maison comme au bled.

D'où ce décalage entre l'intérieur et l'extérieur et le fait qu'on n'assume pas d'être français d'origine d'ailleurs. Donc le « d'ailleurs », je le laisse à l'intérieur et quand je fais les courses, travaille, je suis français.

Comment passer de « *je suis marocain, sénégalais, algérien* » à « *je suis hérouvillais et puis je suis français* ».

Hérouville est riche pour accompagner cette démarche, assure Raouf pour qui « *si l'habitant arrive à réconcilier l'intérieur et l'extérieur, cela s'appelle de l'insertion* ».

Raouf Brahmia s'est alors mis en quête d'aller à la rencontre du jeune partout où il était : à la maison, à l'école, dehors, et sur la planète virtuelle, explique-t-il dans le but de « *réconcilier le "je" et le "nous"* ».

Des ateliers d'expression, de dessin, de peinture, permirent à chacun de l'aider à assumer son identité tout en existant au sein d'un collectif. Des séjours en France et à l'étranger, des rencontres avec des écrivains, comédiens, contribuèrent à renforcer l'ouverture d'esprit. L'artiste tient aussi à casser cette sacro-sainte règle administrative des 11-17 ans estimant que « *le Carré bleu devait être intergénérationnel pour ramener les familles, les animateurs de quartiers, les structures* ».

Quatre côtés, quatre valeurs, un cadre

Pourquoi avoir surnommé cet espace le Carré bleu ? Cette appellation a en effet une signification bien précise que nous détaille Raouf Brahmia : « *Ce lieu d'expression libre est encadré par quatre valeurs, quatre côtés : liberté, égalité, fraternité et laïcité. Le bleu, c'est la couleur de la liberté, de l'oiseau qui vole dans le ciel ou du poisson qui nage dans l'eau.* »

Rapidement, une équipe, une troupe, composée de nombreux bénévoles, est née, unie par ces valeurs et par un projet commun : un spectacle intergénérationnel annuel rassemblant plus d'une centaine de personnes. Mais ce n'est pas tout. Parallèlement au spectacle annuel, le « chef de projet » du Carré bleu a développé un concept baptisé Babel. Chacun a carte blanche pour proposer et partager avec les autres une chanson ou encore une recette en lien avec son origine.

« *Le Carré bleu est devenu une bibliothèque d'émotions, de savoir-faire, de savoir-être. Chacun y laisse ses traces. C'est l'addition de tout cela qui fait la richesse de la ville.* »

Première ville à produire un long métrage

En 2022, le Carré bleu a réalisé de A à Z un long métrage, *La chèvre des Belles-Portes*, porté presque uniquement par des bénévoles. Du cadrage à la création des costumes en passant bien sûr par les comédiens, y compris pour les moyens techniques, les lieux de tournage, etc. Le tout basé sur un synopsis imaginé par Raouf Brahmia mais enrichi au fil des répétitions par la troupe comme pour les précédents spectacles. Mais là, il s'agissait d'un film de plus d'une heure trente. Le résultat est époustouflant car quasiment tous les acteurs étaient inexpérimentés. À commencer par Mimoune, 70 ans, et avec qui il a fallu travailler phrase par phrase. Aujourd'hui, Mimoune est une vedette, à Hérouville du moins, mais surtout cette expérience lui a ouvert, dit-il lui-même, une nouvelle vie. Au retour, il a dessiné et tenu un pinceau pour la première fois. « *Ce qui est génial avec la Ville d'Hérouville Saint-Clair, c'est qu'elle ait embauché un artiste pour un dispositif culturel* », conclut celui qui se définit comme un troubadour ou encore un marchand de motifs, comme il l'explique dans son podcast.

Spectacle Poignée de sable *en 2018.*

LE CAFÉ DES IMAGES :
UN CINÉMA MILITANT ET INNOVANT DEVENU UNE RÉFÉRENCE NATIONALE

À la fois cinéma ouvert sur le monde, restaurant et tiers-lieu, le Café des images s'est forgé, en quarante-cinq ans d'existence, une notoriété nationale dans le milieu des cinémas Art et Essai.

Née de la rénovation du Café des images signée Olivier Baudry en 1989, la mythique salle à fleurs a accueilli les plus grands noms du cinéma indépendant français et international.

C'est l'histoire d'un cinéma pas comme les autres. À l'instar de ses voisins la bibliothèque ou le théâtre, le Café des images est né d'un pari audacieux : celui d'installer des lieux de culture au cœur d'une ville nouvelle et de ses quartiers populaires. L'identité du Café des images a été façonnée par Geneviève Troussier, directrice emblématique de l'équipement entre 1981 et 2014. Plus qu'un simple cinéma, elle en a fait un lieu de parole et d'échange, mais surtout d'éducation à l'image pour tous les publics. Ce travail de fond est reconnu par les plus grands noms du cinéma français et international (réalisateurs, acteurs ou critiques) qui prennent plaisir depuis quatre décennies à répondre aux invitations du Café des images.

Plus qu'un cinéma

Dès sa création, le cinéma hérouvillais a mis d'emblée plusieurs cordes à son arc. Sans équivalent à l'époque, le Bistrot des images proposait de prolonger les séances autour d'un verre ou d'un morceau à grignoter. « *Si aujourd'hui, il est difficile de concevoir un espace culturel sans lieu de convivialité, à l'époque le Café des images était précurseur* », rappelle Élise Mignot, directrice depuis 2019. « *Ouvert sur la ville et le monde, il n'a cessé d'innover et de se réinventer depuis sa création.* »

Dans les années 1980 et 1990, le Café des images a accueilli toutes sortes d'événements culturels : théâtre (représentations de l'ex-théâtre d'Ostrelande, soirées avec la Comédie de Caen) ou musique (concerts, chansons ou jazz). Aujourd'hui, le restaurant du Café des images est avant tout un tiers-lieu, ouvert aux citoyens et aux associations, qui affiche une foisonnante programmation d'événements culturels et solidaires. Engagé pour une alimentation durable, le Café des images accueille aussi un marché de produits bio hebdomadaire ; en lien avec des producteurs locaux, l'AMAP d'Hérouville a mis en place depuis plusieurs années un groupement d'achat solidaire en circuit court avec LeGallineFelici, un groupement de producteurs d'agrumes bio en Sicile.

Une référence auprès du jeune public

Autre innovation pour un cinéma Art et Essai, le Café des images a fait des enfants un public privilégié. Grâce aux programmations spécifiques jeunes publics, aux animations (ciné-kid, ciné-contes, etc.) et ateliers, sans oublier les dispositifs d'éducation à l'image menés en lien avec les établissements scolaires du département (écoles, collèges, lycées), un spectateur sur quatre du Café des images est âgé de moins de 15 ans. « *Cela nous place dans le top 15 des salles européennes (sur 1 200) en ce qui concerne l'accueil du jeune public* », assure Élise Mignot. « *Ne serait-ce qu'avec son établissement scolaire, chaque habitant de l'agglomération caennaise est venu au moins une fois au Café des images.* »

Reconnu pour la qualité de sa programmation, de ses animations, de son restaurant ou de son architecture, le Café des images est l'un des rares cinémas en France à pouvoir s'enorgueillir d'avoir obtenu sept labels : « Patrimoine/répertoire », « Recherche et découverte », « Art et Essai jeune public », « Architecture contemporaine remarquable », « Tiers-lieu Normandie », « Écotable », auquel s'est ajouté en 2018, le « prix Europa de la meilleure action jeune public ».

En 1989, l'architecte décorateur Olivier Baudry donne au Café des images une identité forte, en agrémentant les façades de deux étoiles géantes (symbolisant les acteurs et le rêve).

LE CENTRE DRAMATIQUE NATIONAL, UN THÉÂTRE POUR LA CRÉATION

C'est en 1981 que pointe le projet de construire un théâtre à Hérouville Saint-Clair, il sera inauguré six ans après. La Ville fait alors le choix unique en France pour une ville nouvelle de construire un théâtre afin de le confier à une structure de création. Un choix que Michel Dubois, alors directeur du centre dramatique national - Comédie de Caen et metteur en scène, qualifie d'exemplaire, s'agissant de l'une de ces villes « *dont on essaye généralement de combler le manque de mémoire par une pléthore de propositions qui ne s'attachent qu'à la diffusion, au lieu de penser à long terme avec les créations qui feront la mémoire de demain* ». Le théâtre est amarré à l'hôtel de ville, au cœur de la Citadelle douce, entouré de la bibliothèque et du Café des images. Ce nouveau lieu est doté d'une salle de 700 places, facilement modulable, grâce à une scène double qui permet, en la scindant en deux, de travailler différentes formes de spectacles.

Le théâtre abrite également un atelier de décors et de costumes, des espaces d'exposition et de bureaux.

Michel Dubois rappelle que lorsque la Comédie s'est vu confier le théâtre, « *il n'était pas question pour nous de confisquer cet outil ; il fallait donc faire savoir aux structures hérouvillaises que le lieu était ouvert* ». La programmation intègre des spectacles de compagnies indépendantes implantées en région. Le théâtre, qui reste municipal, accueille par ailleurs une saison musicale et la municipalité dispose d'un « créneau » pour les animations associatives ou autres afin d'inciter tous les publics à fréquenter ce lieu culturel.

Depuis 2020, le CDN d'Hérouville propose un parcours artistique et culturel aux habitants du quartier des Belles-Portes d'Hérouville Saint-Clair en coconstruction avec des acteurs de terrain : ateliers de pratique artistique, rencontres avec des artistes, représentations de spectacles dans le quartier, sorties au spectacle au théâtre, etc.

La Comédie de Caen et la direction académique, circonscription d'Hérouville Saint-Clair, proposent également un parcours pédagogique autour d'un spectacle différent chaque année, à toutes les classes de CM1-CM2. Au programme, des rencontres avec des équipes artistiques, exposition, films au Café des images, et ce avec le soutien de la Ville d'Hérouville Saint-Clair.

LA « BIBLI »
UNE DES PREMIÈRES BIBLIOTHÈQUES À OUVRIR LE DIMANCHE

Encore une innovation hérouvillaise inaugurée en 1978, la « Bibli », voisine du Café des images, a longtemps été la seule bibliothèque de l'agglomération caennaise et même de la région à ouvrir le dimanche. Et ce dès son ouverture en 1978.

D'emblée, elle a eu pour vocation d'être un lieu de communication, de connaissance, de réflexion et de création. Les horaires ont été établis pour s'adapter aux temps de loisirs des Hérouvillais ; d'où l'ouverture le dimanche, très prisée par les familles et les jeunes. Dès les premières années, ce qui caractérise son fonctionnement, c'est son adaptabilité à ses publics : ouverture au public étranger, notamment par la constitution d'un fonds conséquent de livres en langues du monde (arabe, turc, kurde, portugais, espagnol, langues du Sud-Est asiatique, etc.) accueil des enfants scolarisés à Hérouville, création d'un secteur audiovisuel pour enfants, expositions et animations successives, implication dans les manifestations de la ville. En 2022, les espaces intérieurs de la Bibli ont été repensés, les mobiliers changés pour une bibliothèque transformée et plus aérée, le précédent réaménagement datant de 1998.

La scénographie a été imaginée par l'artiste Tramber Regard et fabriquée par la société Haret Déco. Les banques d'accueil rendent hommage au patrimoine architectural de la ville à l'image de son bac à BD en forme de passerelle. De nouveaux espaces ont fait leur apparition : le meuble Gaïa dédié à l'écologie (voir ci-dessous), un espace dédié à la parentalité, une salle réservée aux ateliers, une salle jeux vidéo agrandie et des lieux d'exposition modulables.

"J'AI LA CHANCE D'AVOIR VÉCU À HÉROUVILLE SAINT-CLAIR"

XAVIER LE CLERC
ÉCRIVAIN

ALLER PLUS LOIN
PODCAST XAVIER LE CLERC

Entretien réalisé le 12 mai 2023

Né en Algérie en 1979, Xavier Le Clerc a passé une bonne partie de sa jeunesse à Hérouville Saint-Clair. Une enfance pauvre, comme il le raconte dans son ouvrage *Un homme sans titre*, mais riche de solidarité. L'auteur à succès, qu'il est devenu après avoir changé de nom, vit entre Paris, Londres et Rome. Mais sa ville de cœur demeure Hérouville Saint-Clair, comme il nous l'explique.

« Moi, je suis un enfant des années 1980 à Hérouville Saint-Clair. À l'époque, l'on répétait à l'envie que c'était une ville nouvelle et ce qui est beau dans cette expression d'une "ville nouvelle", c'est que tout est possible. Hérouville Saint-Clair, pour moi, c'est un berceau de diversité, d'expérimentation culturelle, architecturale et un tissu associatif très riche.

Hérouville Saint-Clair, c'est une ville qui a une âme extrêmement belle avec une énergie communicative. Hérouville Saint-Clair, c'est une ville de créativité. C'est très difficile de grandir à Hérouville sans être contaminé par la créativité, qu'elle soit dans l'architecture, le rapport à l'art, le théâtre, le cinéma avec ce Café des images où j'ai vu des films cultissimes mais aussi assisté à de nombreuses rencontres avec de grands réalisateurs. »

Un cadeau de la vie

« C'était dingue de se dire que le gamin, fils d'immigrés, né dans une famille de neuf enfants avec des parents analphabètes, était plongé dans un bain de culture aussi intense. Avec le recul, je me rends compte que c'était un cadeau de la vie. Je rends toujours hommage à l'école laïque républicaine qui m'a tant apporté, à commencer par la lecture, le goût du savoir, mais aussi tout le tissu associatif, toutes ces expérimentations culturelles. Hérouville, pour moi, c'est cette générosité. Si on devait renommer la ville par une qualité, je parlerais de générosité. C'est une diversité très belle. »

Ainsi, Xavier Le Clerc, qui après avoir changé de nom, a pu « *décrocher des entretiens d'embauche* » qu'il ne parvenait pas à obtenir quand il s'appelait Hamid Aït-Taleb, ne tarit pas d'éloges sur la ville où il a grandi et où il a côtoyé Raphäl Yem notamment, avec lequel il est parti aux États-Unis quand il avait 20 ans pour réaliser un documentaire. Il nous raconte aussi comment il a découvert la littérature mais plus simplement les livres grâce à la bibliothèque.

« À la maison, le seul livre, c'était les Pages jaunes »

« *La Bibli, elle était extraordinaire. Elle est plus ancienne que l'hôtel de ville… J'animais des ateliers écriture. J'empruntais des piles de livres et je les lisais aux autres dans les cages d'escalier. À la bibliothèque, j'oubliais la pauvreté dans laquelle je vivais* », commente Xavier Le Clerc qui se souvient qu'à la maison, le seul livre était les Pages jaunes.

Retour à Hérouville

Après avoir quitté Hérouville il y a une vingtaine d'années et y revenir aujourd'hui, Xavier Le Clerc constate le « *gros travail de réaménagement urbain* », « *l'arrivée du tram* » avec toujours une volonté d'innover. « *Il y a aussi une volonté apaisée de travailler ensemble. Je ne voudrais pas décrire une ville enchantée où il n'y a jamais de problème, mais la magie d'Hérouville Saint-Clair est de trouver des solutions et c'est cela que je salue ici. Hérouville n'est pas déconnectée de la réalité nationale voire internationale qui fait que les enjeux de communautarisme, de chômage, d'inflation se posent partout, mais elle a toujours su répondre aux défis.* »

Avoir grandi à Hérouville est donc pour Xavier Le Clerc « *une chance* ». Être né pauvre en est une autre. « *Cela vous donne une énergie folle de conquérir le monde. À un moment, j'en ai voulu à la Terre entière. À la Sorbonne, j'avais affaire à des gamins pourris gâtés, blasés de tout, qui étaient dans la transgression, les drogues, etc. Moi, j'étais sans famille, avec un héritage très compliqué* […] *J'avais le sérieux d'un ouvrier. Je n'ai pas eu d'insouciance. Mes zones d'insouciance, elles étaient dans mes projets culturels* […]. *Mais aujourd'hui, J'ai même de l'empathie pour les dominants.* »

« Ici, je suis à la maison »

« *Si mon père s'était retrouvé ailleurs, dans des banlieues plus difficiles, je n'aurais peut-être pas tourné de la même manière. Hérouville, elle, a mis en avant les qualités de la diversité alors que dans d'autres endroits en France, on l'a instrumentalisée comme une différence négative. À Hérouville, c'est une richesse. Il ne m'a donc pas suffi de vouloir pour réussir* […] *Il a fallu une succession de belles rencontres à Hérouville, de soutien institutionnel, d'une politique culturelle, de moyens institutionnels, de profs bienveillants* », souligne Xavier Le Clerc en rappelant qu'il a été le premier élève à entrer au CLE (collège-lycée expérimental) au Grand-Parc.

Et Xavier Le Clerc de constater : « *Hérouville Saint-Clair ne se repose pas sur ses lauriers. Elle continue à promouvoir la culture au-delà des clivages gauche-droite. C'est aussi cela le miracle d'Hérouville. C'est d'être transpartisan, de dépasser les idéologies. C'est assez rare.* »

Et de conclure : « *C'est toujours avec beaucoup de tendresse que je pense à cette ville. Je suis à la maison, ici. Je me sens chez moi, pas en tournée. Je ne me sens pas de passage, juste de retour.* »

BIBLIOGRAPHIE

Hérouville Saint-Clair. Laboratoire d'architecture
Inventaire du patrimoine, région Basse-Normandie, par Stéphanie Dupont (auteur) et Manuel de Rugy (photographe), Éditions Lieux-dits, 2010

Vies d'ici en ville, Mémoires vives des habitants
Alain Bellet (textes) et Patricia Baud (photographie), un travail de mémoire réalisé en 2006 et 2007 dans le cadre de plusieurs résidences d'artistes coorganisées par la Ville d'Hérouville Saint-Clair, la bibliothèque d'Hérouville et l'agglomération Caen la mer

Il était une fois Hérouville Saint-Clair
Lucien Geindre, Association pour le développement d'Hérouville Saint-Clair, 1988

Hérouville Saint-Clair, une ville d'aujourd'hui
Livret pédagogique Architecture/Urbanisme, textes d'Élisabeth Taudière, architecte, Atelier troisième étage, 2012

Hérouville Saint-Clair 1963-2013, un rêve inachevé ?
Collectif d'auteurs : Martine Almy, Yves Bréhier, Françoise Fréreux, Erik Laloy, Josiane Lowy, Paul Lowy, Anne-Marie Milvoy et Mano Roederer-Petite, Éditions Cahiers du temps, 2013

Le mouvement Freinet : du fondateur charismatique à l'intellectuel collectif
Henri Peyronie, Presses universitaires de Caen, 2013

Des clés pour réussir au collège et au lycée
Françoise Rey et André Sirota (dir.), Érès, 2007

CRÉDITS PHOTOGRAPHIQUES

Mairie d'Hérouville Saint-Clair : pages 2, 6, 9, 11, 14, 15, 19, 20, 21, 23, 24, 26, 29, 31, 33, 35, 37, 40, 44, 45, 46, 47, 48, 49, 50, 55, 56, 57, 62, 64, 70, 71, 73, 76, 77, 78, 79, 80, 82, 84, 85, 89, 90, 91, 92, 94, 96, 97, 99, 101, 109, 111, 112, 113, 114, 115

Photos droits réservés : pages 22, 29, 42, 50, 51, 64, 71, 88, 90, 104, 107, 108

Laurent Besnehard : page 103

Anthony Dibon (Icon Sport) - SM Caen : page 105

Steven Paters : pages 5, 8, 14, 28, 38, 53, 58, 60, 66, 69, 74, 87, 106, 110, 116 et couverture

AUTEURS

Coordination

Sylvie Benard, directrice du service communication de la Ville d'Hérouville Saint-Clair

Rédaction

Françoise Dajon-Lamare, journaliste, avec l'aimable contribution d'Alain Kendirgi, directeur de la SHEMA jusqu'en 2019

Direction éditoriale

Sylvie Benard, Françoise Dajon-Lamare, Alain Kendirgi et Patrick Simon

Contributions documentaires, photographies et textes

Mathilde Arnaudin, Nicolas Orhant et Marie-Laure Thillays du service communication de la Ville d'Hérouville Saint-Clair

Conception graphique & réalisation podcast

Kafé Crème France

REMERCIEMENTS

Mariannick Lefranc pour son constant travail de recherche sur l'histoire d'Hérouville Saint-Clair, après quarante années passées dans plusieurs services de la Ville dont la direction de l'éducation, petite enfance et restauration scolaire.

Service archives-documentation de la Ville d'Hérouville Saint-Clair.

La Ville d'Hérouville Saint-Clair remercie toutes les personnes ayant accepté de témoigner avec passion dans cet ouvrage.

Ville d'Hérouville Saint-Clair

La ville d'Hérouville Saint-Clair remercie la Région Normandie et le Département du Calvados pour leur soutien.

RÉGION NORMANDIE

Calvados LE DÉPARTEMENT

OREP EDITIONS

Zone tertiaire de Nonant - 14400 BAYEUX
Tél. : 02 31 51 81 31 - Fax 02 31 51 81 32
info@orepeditions.com - www.orepeditions.com

Éditeur : Grégory PIQUE
ISBN : 978-2-8151-0841-6 – © Éditions OREP 2023
Dépôt légal : 4e trimestre 2023